AF151102

Karl Heinz
Wickermann

DAS
KLASSENFOTO

novum ◢ pro

Dieses Buch ist auch als
e-book
erhältlich.

www.novumverlag.com

Bibliografische Information
der Deutschen Nationalbibliothek:

Die Deutsche Nationalbibliothek
verzeichnet diese Publikation in
der Deutschen Nationalbibliografie.
Detaillierte bibliografische Daten
sind im Internet über
http://www.d-nb.de abrufbar.

Gedruckt in der Europäischen Union
auf umweltfreundlichem, chlor- und
säurefrei gebleichtem Papier.

© 2022 novum Verlag

ISBN 978-3-99131-565-0
Lektorat: Mag. Angelika Mählich
Umschlagfotos:
Tirachard Kumtanom,
Vetre Antanaviciute-meskauskiene,
Doxtar | Dreamstime.com
Umschlaggestaltung, Layout & Satz:
novum Verlag

www.novumverlag.com

Climate neutral
Print product
ClimatePartner.com/16547-2201-1002

Inhaltsverzeichnis

In Gedenken
an

Frank

1966–2020

Letzte Kriegstage - ein neuer Anfang

In den letzten Kriegsjahren, als es mit den Bombenangriffen in den Großstädten immer schlimmer wurde, zog ich mit meiner Mutter aufs Land.

Meine Oma zog mit uns, sie hatte ihre Wohnung in Bochum meiner Tante, die ausgebombt war, überlassen. Mein Vater war im Krieg in Russland an der Ostfront.

In den Städten waren die Schulen geschlossen worden wegen der dauernden Bombenangriffe. Viele Kinder wurden aufs Land evakuiert, nach Pommern oder Baden.

Auf dem Land funktionierten die Schulen zuerst noch, aber nach dem Krieg waren auch da die Klassen überfüllt wegen der vielen Flüchtlinge und es fehlten Lehrer. Viele waren im Krieg geblieben – gefallen oder in Kriegsgefangenschaft.

Durch einen Kriegskameraden meines Vaters, dessen Eltern im Münsterland einen Bauernhof hatten, bekamen wir dort zwei Zimmer mit Toilette und Waschgelegenheit in einem Anbau. Ein ziemlicher Behelf, wie meine Mutter meinte, aber hier waren wir vor den Bomben auf „Nummer sicher" und es blieb uns die Evakuierung erspart.

Außerdem sollte das ja nur bis zum Ende des Krieges dauern, dann wollte man wieder zurück in die alte Wohnung in der Stadt, wenn die bis dahin nicht auch zerbombt sei. Aber wann war der Krieg zu Ende und würden wir ihn gewinnen? Hinter vorgehaltener Hand wurde gesagt, der Krieg sei so gut wie verloren. Man durfte es nur nicht laut sagen. Die 6. Armee war eingekesselt und zerschlagen worden. Die deutschen Truppen auf dem Rückzug, aber im Volksempfänger, auch Göbbelsschnauze genannt (das war das Radio), verkündeten die Nazis immer noch den Endsieg.

Wir waren froh, dass mein Vater nicht in Stalingrad gekämpft hatte. Sein letzter Feldpostbrief kam aus dem Wolchow-Gebiet, das war in der Nähe von Leningrad.

Im Frühjahr 1945 zogen deutsche Truppen durch unser Dorf, sie waren auf dem Rückzug. Einige versprengte und verwundete deutsche Soldaten wurden bei unserem Bauern auf der Tenne verbunden und mit Lebensmitteln versorgt. In einer Ortschaft, drei Kilometer nördlich von unserem Ort, hatte sich eine SS-Einheit festgesetzt, die noch erheblichen Widerstand leistete. Südlich von uns waren bereits die Engländer, die mit Panzern und Fußtruppen vorrückten. Der Artilleriebeschuss ging hin und her. Wenn die Granaten heulend über uns hinwegflogen, zogen wir die Köpfe ein und warteten auf den Einschlag. Damals, bei den Bombenangriffen, war das ähnlich gewesen. Einige Granaten schlugen in der Nähe ein und setzten einen Bauernhof und eine Feldscheune in Brand.

Dann sahen wir sie die Landstraße entlangziehen, englische Truppen, Panzer, Jeeps und Schützenreihen. Viele Bauern hatten weiße Betttücher herausgehängt. – Wir ergeben uns, hier sind keine deutschen Soldaten, verschont uns!

Jetzt waren englische Soldaten auf der Tenne, wurden mit Milch und Lebensmitteln versorgt und einer spielte Dudelsack. „Ne, wat 'ne Quäkerigge!"

Im Mai 1945 kapitulierte Deutschland, der Krieg war zu Ende. Keine Bomben mehr, keine Kämpfe. Deutschland wurde in Besatzungszonen eingeteilt. Wir hatten Glück, wir waren in der britischen Besatzungszone.

Die Bevölkerung hatte nach dem verlorenen Krieg schwere Zeiten zu überstehen. Lebensmittel waren kaum zu haben, die gab es nur auf Lebensmittelkarten – pro Kopf nur wenige Gramm, das war zum Leben zu wenig und zum Sterben zu viel. Besonders in den Städten hungerten die Menschen. Hier auf dem Land kamen wir einigermaßen zurecht. Meine Oma ging über die Dörfer zum Hamstern. Sie kannte einen Bauern, wo wir uns manchmal einen Liter Milch oder ein kleines Stück Butter holen konnten. Bei einigen anderen Bauern tauschte sie Schmuckstücke gegen Eier, Wurst oder Kartoffeln. Für die goldene Taschenuhr meines Patenonkels, die ich einmal erben sollte, gab es vier Pfund Speck, eine Mettwurst und einen halben Zentner Kartoffeln, das war im wahrsten Sinne des Wortes Gold wert.

Am 9. September 1945 saß ich am Küchentisch und knetete aus Kerzenresten und Wollfäden neue Kerzen. Meine Oma rührte in der Milchsuppe und meine Mutter war auf dem Weg zum Waschraum, um ein paar Kartoffeln abzuwaschen, als jemand die knarrende Holztreppe zu unserer Wohnung heraufkam. Meine Mutter schaute über das Geländer, wer denn da am Abend noch käme. Sie sah einen Mann in einem Militärmantel ohne Schulterstücke mit einem Brotbeutel über die Schulter langsam die Treppe hinaufsteigen. Als der Mann nach oben blickte, erkannte sie meinen Vater. Ein jubelnder Aufschrei meiner Mutter ließ mich aufspringen und zur Tür rennen. Zuerst hatte ich ihn nicht erkannt, ich hatte ihn ja fast zwei Jahre nicht gesehen, dann lief ich zu ihm und wir drei umarmten uns.

Meine Oma stand mit dem hölzernen Rührlöffel in der Küchentür und sagte: „Na, dann komm mal rein, du kommst zur richtigen Zeit."

Weil mein Vater geglaubt hatte, wir hätten nichts zu essen, hatte er sich von seiner eisernen Ration ein faustgroßes Stück Brot für uns vom Mund abgespart.

Wir hatten nicht gewusst, ob er noch lebte oder vielleicht in russische Gefangenschaft geraten war. Er erzählte, dass er zum Kriegsende noch verwundet wurde und von Ostpreußen mit einem letzten Flüchtlingsschiff nach Norddeutschland geschippert und dann dort in englische Gefangenschaft gekommen sei. Die Verwundung sei sein Glück gewesen. Er habe gewusst, dass wir auf einem Dorf im Münsterland lebten, und habe uns nach einiger Suche hier gefunden.

Ein paar Monate später bekam mein Vater bei der Kreisverwaltung eine Anstellung, nachdem er die Entnazifizierungsformalien hinter sich gebracht hatte. Das ging sehr schnell, denn er hatte nie etwas mit den Nazis am Hut gehabt und die Entlassungspapiere aus der Kriegsgefangenschaft waren ein wichtiger Nachweis dafür, dass er „eine reine Weste" hatte, wie man damals sagte.

Bald darauf zogen wir in die Nachbarstadt, das war nicht weit von der Kreisstadt entfernt. Unsere alte Wohnung in der Stadt hatten wir aufgegeben, die war von Bomben beschädigt worden. Einige Möbel hatten wir retten können.

Ab Herbst 1946 ging ich zur „Graf-Adolf-Schule" – Aufbaugymnasium für Jungen – wie das damals hieß. Untertertia (Klasse U/II b). Ich war Fahrschüler und fuhr mit vielen anderen mit dem Zug zur Schule in die Kreisstadt.

1. KAPITEL

Ein Umzug mit Erinnerungen im Jahr 1973

Unsere Wohnung wurde uns langsam zu eng. Die Kinder wuchsen heran und wollten ihr eigenes Zimmer. Wir brauchten mehr Platz für unsere eigenen Bedürfnisse. Wir hatten uns entschlossen zu bauen, ein eigenes Haus. Wir rechneten es durch: „Wir müssen nur den finanziellen Gürtel etwas enger ziehen. Wird schon klappen."

Im Frühjahr 1973 war es so weit. Wir zogen in unser neues Haus ein. Ein Reihenhaus mit kleinem Garten am Stadtrand im Grüngürtel, verkehrsgünstig, Geschäfte in der Nähe. Perfekt.

„Alles ideal", meinte meine Frau.

Pünktlich um sieben Uhr stand der Umzugswagen vor der Tür. Bis mittags war schon viel geschafft.

„Mahlzeit!", sagte der Mann mit der Lederschürze, legte die Tragegurte mit den Haken ab, setzte sich breit auf eine ächzende Geschirrkiste und breitete sein Butterbrotpaket aus. Mit spitzen Fingern zog er eine der zusammengeklappten Brotschnitten hervor, bog sie vorsichtig mit dem Daumen nach oben und prüfte den Belag. „Wieder Leberwurst – äh."

Er packte das Papier zusammen und griff hinter sich nach einer Bierflasche. Den Kronenkorken setzte er fachkundig am Rand der Kiste an und schlug mit dem Handballen kräftig zu. Die kleine Metallkappe sprang über den Boden und blieb nach kurzem Kreislauf durchs Zimmer neben dem Sessel liegen, in den ich mich erschöpft fallen gelassen hatte. Der Mann setzte die Flasche an den leicht gespitzten Mund, legte den Kopf in den Nacken und ließ den Inhalt langsam in sich hineingluckern. Sein Adamsapfel sprang bei jedem Schluck auf und ab.

Seit Tagen hatten wir Gläser, Tassen und Teller in Zeitungspapier verpackt, Schränke gerückt, Schubladen ausgeräumt und längst vergessene und vermisste Dinge wiedergefunden. „In einem ordentlichen Haushalt geht nichts verloren", sagte die Mutter und zog den Socken aus der Erbsensuppe.

Helle Rechtecke an den Wänden zeigten an, wo Bilder gehangen und Schränke gestanden hatten. Ach ja – das Loch im PVC-Bodenbelag, in der Ecke, wo der Elektroherd gestanden hatte.– War das eine Aufregung, als Mucki, der Goldhamster, tagelang spurlos verschwunden war. Frank hatte ihn schließlich hinter dem Wohnzimmerschrank hervorgezogen.

„Das Tier kommt mir aus dem Haus."
Vier Wochen später hatten wir Mucki im Vorgarten hinter dem Feuerdornbusch begraben. Britta hatte ein Holzkreuz gebastelt und Gänseblümchen auf sein Grab gelegt.

Der ausgepolsterte Möbelwagen vor der Tür war schon fast vollgepackt. „Was man so alles mitschleppt!"
Britta hatte drauf bestanden, dass die Kiste, in der Mucki gelebt und in die er Löcher genagt hatte, unbedingt mitgenommen werden solle – als Erinnerung.
Frank meinte, das alte Klapprad sei noch ganz gut, man könne notfalls die Räder zum Basteln gebrauchen. Er habe noch keine festen Pläne, aber mitgenommen werden müsse es um jeden Preis.
„Stopft nur wieder alle Ecken voll. Die reinste Sperrmüllsammlung."
Beide waren sich ausnahmsweise einmal einig. Im neuen Haus sei ja Platz genug und außerdem habe man sein eigenes Zimmer, in dem man tun und lassen könne, was man wolle. „Endlich die eigenen vier Wände", meinte meine Frau. Der kleine Garten mit Blumen und Büschen, dazwischen der Rasen – und diese Ruhe. „Aber die hohe Belastung!"

14

Frank hatte sich quer in den großen Ohrensessel gelegt, die Beine ließ er über die Armlehne baumeln. Auf seinem Bauch hatte er den Schuhkarton mit den alten Fotos abgestellt.

„Bist du das, der in der ersten Reihe mit den abstehenden Ohren und der Trachtenjacke?"

„Wie respektlos sprichst du denn von deinem Vater? – Zeig mal her!"

Mit breitem Grinsen reichte er mir das vergilbte Foto im Postkartenformat mit der umgeknickten Ecke herüber.

„Als Vater siehst du aber noch sehr jung darauf aus." Auf der Rückseite hatte ich damals mit Bleistift „20.5.1947" und „Untertertia (Klasse U/III b)" geschrieben.

„Lass mich mal nachrechnen – ich glaube, ich war fast vierzehn, so alt wie du heute. Was meine Ohren anbelangt, die stehen nicht ab, das lag an der Frisur – kurz war modern. Mein Vater bestand darauf, lange Haare seien luihaft. Und nichts gegen die Trachtenjacke – die hatte meine Mutter selber genäht, aus Vaters altem Militärmantel. Dunkelgrüne Eichenblätter auf den Revers, die Taschen mit rotem Stoff ausgefüttert – stolz wie Oskar war ich. Man bekam ja nichts zu kaufen nach dem Kriege."

28 Jungen in kurzen Hosen umrahmten 15 Mädchen in Klassenfotopose: kniend, auf Stühlen sitzend und stehend (die großen nach hinten).

„Das da links war unser Klassenpauker, Hermann Blömeke. Noch etwas mager. War kurz vorher aus der Kriegsgefangenschaft gekommen – zwei Jahre Russland. Offizier war er gewesen, Oberleutnant. Die Schneidezähne hatten sie ihm in der Kriegsgefangenschaft mit dem Gewehrkolben herausgeschlagen, das hat er oft erzählt. War ein prima Mensch, der alte Blömeke, hart, aber gerecht."

Lange betrachtete ich das Foto. Namen verbanden sich mit den Gesichtern. – Ulli Getberg, Helmut Steinke, Herbert Galewski, Bulle hatten wir ihn genannt. – Graf Bobby, wie hieß der noch mit richtigem Namen? – Ja, Walter Jakobi – Walter, wenn er pupt, dann knallt er.

Und die Mädchen – Christel Müller und Ingrid Schöne (die schöne Ingrid), die fallen mir sofort ein. Die machten wohl damals schon großen Eindruck auf mich.

Erinnerungen wurden deutlich, gute und weniger gute. Plötzlich hatte ich den Geruch der Erbsenmehlsuppe, die es bei der Schulspeisung gab, in der Nase – ekelhaft.

2. KAPITEL

Im Jahr 1947 - die Penne

An dem kleinen Kreisstädtchen mit der alten Burgruine, den properen Fachwerk- und Patrizierhäusern und dem mittelalterlichen Marktplatz war der Krieg spurlos vorübergegangen. Selbst als Sitz des Landrates und des Gauleiters war der Fleck auf der Landkarte wohl so unbedeutend gewesen, dass deutsche und alliierte Truppen an ihm vorbeigezogen waren, ihn ignoriert hatten. Vielleicht hatten sie es aber auch gar nicht bemerkt. Hätten nicht die olivgrünen Jeeps und Lastwagen der englischen Besatzungstruppen vor dem Landratsamt und der beschlagnahmten Villa des ehemaligen Ortsgruppenleiters gestanden, man hätte erwarten können, Graf Adolf sei im nächsten Augenblick mit seinem Gefolge durch das große Torhaus am Ende des Marktes geritten gekommen.

Das Jungengymnasium, das Landrat Schnettker im Jahre 1906 erbauen ließ, ragte mit seinen beiden Erkertürmchen und der roten Klinkerfassade hoch über das Landratsamt hinaus. Die kleine Bergkuppe, auf der es stand, trug allerdings wesentlich dazu bei. Es wurde behauptet, die Höhenlage habe der Schule zu der Bezeichnung „Höhere Lehranstalt" verholfen.

Allmorgendlich zogen Fahrschülerkolonnen vom kleinen Ortsbahnhof den Berg hinauf. Einige verließen sich lieber auf ihr Fahrrad, das war zuverlässiger als die kleine Dampflok. Zum Leidwesen einiger traditionsbewusster Lehrer schickten nun auch Eltern aus der gehobenen Bürgerschaft ihre Töchter in diese in Jahrzehnten durch Jungen geprägte Lehranstalt.

Absoluter Herrscher dieser Lehrerdynastie war Direktor Braunkötter, von allen nur der „Eiserne Gustav" genannt. Über breiten Schultern, einem nicht zu übersehenden Bierbauch, auf dem gewöhnlich eine goldene Uhrkette baumelte, thronte der riesige kahle Schädel. Der eisgraue Schnurrbart gab ihm das Aussehen eines in Bronze gegossenen Bismarckdenkmals.

„Achtung! – Gustav steht wieder da. V. d. A. – Vorsicht, der Alte!" Fast an jedem Morgen ging die Meldung wie ein Lauffeuer durch die Reihen der auf die Schule zustrebenden Pennäler. „Guten Morgen, Herr Direktor." Die Knirpse aus der Sexta und Quinta zogen höflich die Mütze. (Hast du Spatzen unter dem Hut?)

Die Primaner nickten distinguiert, einige verneigten sich fast höfisch (Streber – Arschkriecher).

Der eiserne Gustav inspizierte mit strengem Blick und mürrischem „Moin" die vorbeiziehenden Schüler.

Hier und da rief er einen zu sich.

„Willst du verreisen, dass du die Hände schon eingepackt hast? – Name? Klasse? – Du meldest dich bei Dr. Bäcker."

Mit hängenden Ohren trabte der Junge hinter seinen Klassenkameraden her, um sie wieder einzuholen.

(Na, Anschiss gekriegt?)

Ulli Getberg musste dem eisernen Gustav wohl ein Dorn im Auge sein. So oft wie er bekam keiner den „Anschiss". Es mochte dran gelegen haben, dass Ulli ständig grinste, selbst in Situationen, in denen er wahrlich nichts zu lachen hatte, und in die geriet Ulli auffallend oft.

„Das kommt dir wohl noch lächerlich vor, was?"

„Ich lache ja gar nicht", grinste Ulli unverdrossen zurück. Seine runden Brillengläser funkelten den „Eisernen" verzweifelt an.

„Auch noch frech werden – wir sprechen uns noch, Bürschchen!"

Der große Kopf des „Eisernen" schwoll anscheinend noch mehr an. Sein Schnurrbart begann zu vibrieren, und das war kein gutes Zeichen.

Der Kampf im Physiksaal um die besten Plätze in den nach hinten ansteigenden Bänken wurde durch den Ruf „Zille kommt!"

jäh unterbrochen. Vereinzelte Positionskämpfe endeten damit, dass der Schwächere polternd aus der Bank flog und sich schnell aufraffend auf einen der ungeliebten freien Plätze in den ersten Reihen flüchtete.

Ulli Getberg glaubte sich bereits sicher in der vorletzten Bank, doch Bulle Galewski hatte dem verzweifelt strampelnden kurzerhand die Jacke über den Kopf gezogen und ihn aus der Bank gezerrt. Ulli kam ins Stolpern, fiel und rollte die Holzstufen hinunter, direkt vor die Füße Studienrat Zilligs, der gerade den Klassenraum betrat.

„Natürlich wieder Getberg …"

„Der Galewski war das", lächelte Ulli ihn mit seinem unvermeidlichen Grinsen an. Die Brille saß ihm dabei schräg auf der Nase.

Zillig holte aus. Seine flache Rechte landete auf Ullis linker Backe (Backbord ist rot). Die Brille hatte ihre ursprüngliche Position wieder eingenommen.

„Setz dich auf deinen Platz. Bis zur nächsten Stunde vier Seiten in Schönschrift: ‚Die Schwiegermutter des Petrus'." Aber das hatte Zille bis dahin wie immer schon vergessen. Leere Drohung.

Ulli suchte verzweifelt nach einem Platz.

„Setz dich da hin, damit ich dich besser im Auge behalten kann", schnarrte Zillig.

„Zettel raus!"

Betroffene Stille machte sich breit. Man rutschte in Erwartung unangenehmer Dinge in den Bänken hin und her, denn Zille war in seiner Themenstellung unberechenbar. Oft kramte er Dinge aus längst vergessenen Physikepochen aus und verbrämte sie mit sachfremdem Beiwerk.

„Wir haben kein Papier." Diese Ausrede hatte in der Nachkriegszeit noch Geltung.

„Von mir aus nehmt Tapete oder Toilettenpapier, das wird ja wohl noch aufzutreiben sein."

In der Buchhandlung Pelzer gab es holzfreies Papier. Zwanzig Blatt pro Kopf. (Nix da, du warst doch schon hier.)

Einige suchten auffallend lange in ihren Taschen nach Papier.

„Gib mir mal 'n Blatt!"

„Thema: Der freie Fall – und wie es dazu kam. Zeit: dreißig Minuten – ab jetzt!"

Während fünfundzwanzig Jungen und zehn Mädchen über leeren Blättern schwitzten, Bleistifte kauten, Bänke bekritzelten und sich mit Tinte beschmierten, bereitete Zille seinen nächsten Versuch vor: Lichtstreuung und -bündelung. Den durch Bombenschaden stark reduzierten Physikfundus hatte er durch selbst angefertigte Geräte und Gegenstände bereichert.

„Der klaut doch, was er kriegen kann."

Bevor Studienrat Zillig in den Nebenraum ging, um Experimentiergerät zu holen, blickte er strafend über seine Nickelbrille in die Runde.

„Ich bitte mir Ruhe aus – und keine Betrügereien."

Sobald er jedoch außer Sichtweite war, setzte augenblicklich ein nicht zu überhörendes Rumoren und Tuscheln ein. Zettel flogen zusammengedrückt durch den Raum. Hastig wurden Bücher unter der Bank durchgeblättert, Seiten herausgerissen.

„Ruhe hatte ich gesagt! – Getberg, versuch nicht, mich zu betrügen!"

Zille tauchte überraschend im Türrahmen zum Nebenraum auf, verschwand jedoch genau so schnell wieder, um seine Utensilien zu suchen.

Über den freien Fall hatte man schließlich in Gemeinschaftsarbeit ein paar Sätze zu Papier gebracht, aber über dem „und wie es dazu kam" breiteten sich in Wolken gehüllte Fragezeichen aus.

Schließlich bimmelte die erlösende Pausenglocke durch den breiten Schulflur.

„Abgeben – Los, Bergmann, Reger, Breitenbach – Zettel einsammeln! – Nichts geht mehr!"

Hastig gekritzelte Kern- und Lehrsätze, durchgestrichene, wieder verworfene Gedankengänge, Versuche, den „freien Fall" zeichnerisch darzustellen, wurden neben jungfräulich leeren Blättern abgegeben.

Bulle Galewski hatte nur „Alles Scheiße" mit drei großen Ausrufezeichen auf sein Blatt geschrieben.

In der großen Pause verteilte Fräulein Sperling auf dem gepflasterten Hof, vor dem Sportgerätekeller, warme Schulspeisung. Wenn es regnete, verlegte man die Suppenausgabe in den Vorraum zur Turnhalle.

(Hinten anstellen!)

Fräulein Sperling, die ansonsten Biologieunterricht erteilte, stand im buntgeblümten Kittel hinter dem dampfenden Zinkkessel. Sie legte Wert darauf, dass man sie mit F r ä u l e i n ansprach, obwohl sie mindestens die Sechzigergrenze überschritten hatte. Mit mildem Glanz in den Augen schwang sie die Suppenkelle.

„Was gibt's denn heute wohl?", krähte sie.

Der Dunst von Erbsmehlsuppe oder Haferschleim mit Rosinen hatte längst die oberen Etagen des Schulgebäudes erreicht und war durch Klassentürritzen gekrochen. Damit war das Geheimnis auf indiskrete Weise gelüftet. Je nach Geschmacksrichtung verursachte der Dunst Vorfreude oder Übelkeit. – Aber Hunger hatten wir eigentlich immer. Man hatte sich hintereinander anzustellen (wer zuerst kommt, mahlt zuerst).

Studienrat Kern hatte dafür zu sorgen, dass alles seine Ordnung hatte und sich keiner vordrängelte. Bei Milchpulversuppe bekamen die letzten fast nie mehr was ab, bei Erbsmehlsuppe hingegen war meist noch reichlich zu haben.

Einige hielten tiefe Teller aus Blech hin, da ging nicht viel rein, aber die Suppe wurde eher kalt, bevor die Pause zu Ende war. Andere brachten Henkelmänner oder Kochgeschirr aus Wehrmachtsbeständen mit.

(Wisse, noch'n Schlag?)

Karlchen Bäcker aus der Parallelklasse trug die dampfende Suppe wie einen Siegerpokal vor sich her.

„Vorsicht – heiiiiiß!"

Ulli Getberg wurde wieder mal aus der Reihe geboxt und taumelte gegen Karlchens Teller. Der dampfende Strom aus Haferschleim mit Rosinen ergoss sich über Ullis Rücken und tropfte zäh auf Schuhe und Strümpfe.

„Pass doch auf, du Blödmann!"

Studienrat Kern rannte aufgeregt wie ein Schäferhund an der Warteschlange auf und ab.

„Wer war das? Sofort melde sich der!"

Ulli schielte ängstlich zu Bulle Galewski hinüber, aber er wagte es nicht, ihn bei Kern zu melden, denn für Bulle war Rache süß wie Haferschleim mit Rosinen.

Graf Bobby, so nannten wir den langen Walter Jacobi, hatte es mal wieder vorgezogen, im „Dom" 'ne Fluppe durchzuziehen. Die Toiletten für Knaben befanden sich am Ende des Schulhofes in einem kleinen Backsteinhäuschen mit spitzem, blechverkleidetem Turm darauf, weshalb es allgemein „der Dom" genannt wurde. Eine Art Wendeltreppe führte in die eigentliche Toilettenanlage, die von Schülergenerationen mit allerlei Namen, Zeichnungen und Sprüchen verziert worden war, über die man besser schweigt.

Das Rauchen im Schulbereich war strengstens verboten. Der Eiserne Gustav überwachte meist selbst diese Schulanordnung. Wehe dem, der erwischt wurde!

Zigaretten bekam man ohne Bezugsschein nicht zu kaufen, es sei denn, auf dem Schwarzmarkt – zehn Reichsmark das Stück. Für eine Handvoll Kippen, die man besonders häufig in der Gegend fand, wo britische Soldaten Quartier bezogen hatten, gabs ein Päckchen Keks aus Care-Paketen oder vielleicht ein paar Briefmarken (Hindenburg – Trauersatz) oder aber sie wurden für gute Beziehungen bei der nächsten Lateinarbeit in Form wertvoller Informationen gehandelt. Manchmal fiel bei den Tommis auch „'ne Aktive" ab.

(Have you a cigarette for me – please?)

Graf Bobby verfügte nicht nur über Aktive (Lucky Strike), gegen Naturalien aller Art oder sonstige Vergünstigungen konnte man bei ihm sogar Schokolade und Kaffee erstehen. Es wurde gesagt, seine ältere Schwester „ginge mit einem Tommy".

(Dass die sich nicht schämt – als deutsches Mädchen!)

Graf Bobby hatte sich zusammen mit dem dicken Beckmann in die unteren Regionen des Doms zurückgezogen. Bald zog bläulicher Rauch die Wendeltreppe hinauf.

22

Der „Eiserne" war durch die Prügelei zweier Sextaner in die Nähe des Doms gelockt worden. Der sonst so vertraute Geruch war von eindeutigem Zigarettenduft durchsetzt, das machte ihn misstrauisch.

Jemand hatte „Van-de-A!" in die Toilettenanlage gebrüllt. Unten hörte man hastig zwei Türen hart ins Schloss fallen. Eine Flucht von dort war lediglich über die Wendeltreppe möglich, und die war aussichtslos durch den „Eisernen" versperrt.

„Aufmachen, rauskommen! Rauskommen, sofort!", hörte man Gustav wütend brüllen.

(Da fällt dir das Herz inne Büx!)

Doch hinter den Zellentüren rührte sich nichts.

Schadenfrohe Gesichter hatten sich am Ausgang des Doms zu einer Traube formiert, denn erstens war man selber noch mal davongekommen und zweitens hatte Graf Bobby, dieser eingebildete Fatzke, das schon lange verdient. Eindringlich verkündete die Schulglocke das Ende der großen Pause. Die Schüler strebten eilig dem Eingang des Schulgebäudes und ihren Klassen zu. Nur eine kleine Gruppe, vornehmlich Untertertianer, blieb noch in der Nähe des Doms (Mensch, das muss man gesehen haben). Kater vor dem Mauseloch, während Walter Jacobi und der dicke Beckmann bibbernd in ihren unfreiwilligen Gefängnissen hockten.

„Weg da!", zischte Bulle Galewski, zog einen metallisch glänzenden Gegenstand aus der Hosentasche, riss an einer Art Schnur und warf das Ding die Treppe hinunter.

„Los, abhauen – Tränengas!"

Bulle, der bei Graf Bobby Großabnehmer in Zigaretten und Schokolade war, schaffte auf diese Weise für sich gute Geschäftsbedingungen.

Wir rannten an der Turnhalle entlang und schlüpften durch den Nebeneingang mit dem Emailleschild „Nur für Lehrer" ins Schulgebäude.

Vom Flurfenster aus konnten wir beobachten, wie eine dicke Rauchwolke aus dem Dom quoll.

Hustend und mit einem Taschentuch sich die Augen reibend stolperte der „Eiserne" heraus, dicht gefolgt von Graf Bobby und dem dicken Beckmann. Bevor der „Eiserne Gustav" begriffen hatte, was geschehen war, hatten die beiden sich mit tränenden Augen in Richtung Schulgebäude abgesetzt.

„Hierher! Sofort hierher!", tobte Gustav. Beide waren aber längst in ihrer Klasse untergetaucht.

Der Tränengasanschlag hatte in den nächsten Wochen noch einige Aufregung in der Lehrerschaft verursacht.

„Na, das wird noch ein Nachspiel haben!"

Blömeke hatte gemeint, Tränengaszigaretten, das sei ja mal was ganz Neues. Dabei hatte er verschmitzt gelächelt und hinzugefügt: „Lasst mal, i c h kenne meine Schweine am Gang ..."

3. KAPITEL

Der Neue

Im Sommer 46 kam ein „Neuer" in unsere Klasse. Ein schmächtiges Kerlchen. Mit seinen kurzen Flanellhosen, einer verschlissenen Tweedjacke, an der die Ärmel fast eine Handbreit zu kurz waren, stand er neben Blömeke vor der Klasse. „Das hier ist euer neuer Mitschüler Helmut Steinke. Ist aus Breslau – geflüchtet. Setz dich da mal erst hin!"

Studienassessor Blömeke zeigte auf den freien Platz neben mir, der verweist war, seit Dieter Dreyer die Masern hatte.

Während alle Augen auf ihn gerichtet waren, schob der Junge seine graue, abgestoßene Segeltuchtasche unter den Tisch und drückte sich scheu in die Bank. Aufmerksam folgte er den Worten Studienassessor Blömekes, der bemüht war, uns die Geheimnisse der Arithmetik klarzumachen.

Der „Neue" erschien mir wesentlich interessanter als Blömekes Zahlenspiele. Vorsichtig und mit Argwohn betrachtete ich meinen neuen Nebenmann von der Seite. Er musste wohl meinen kritischen Blick gespürt haben, denn auch er sah vorsichtig zu mir herüber. Möglichst unauffällig versuchte ich ihm auszuweichen und täuschte mathematisches Interesse vor, indem ich starr zur Tafel sah. Doch bemerkte ich, dass er mich anscheinend abtaxierte.

„Wieso glotzt der so blöd hierher?", dachte ich und sah ihn trotzig an. In seinen Augen glaubte ich ein Lächeln zu bemerken. Ich versuchte ein freches Grinsen, das auch bei ihm breites Lachen auslöste.

„Was gibt's denn da zu grinsen? H i e r spielt die Musik!"

Blömeke klopfte mit dem Kreidestück gegen die Tafel. Die Schläfer der letzten Reihe wurden jäh aus ihren Träumen gerissen.

Der „Neue" saß sofort kerzengerade in der Bank und sah verschreckt zu Blömeke hinüber.

(Mensch, hat der 'n Schiss!)

In der Pause standen wir in unserer Stammecke am Turnhalleneingang neben der Abwaschecke für Essgeschirr. Bulle hatte Ulli im Schwitzkasten. Kran aufgedreht und Wasser auf den Hinterkopf klatschen lassen (das erfrischt und erhöht das Denkvermögen).

„Lass doch den armen Jungen los, du Grobian!"

Christel Müller drehte, eingehakt bei ihrer ständigen Begleiterin Lotti Berke, die obligatorische Runde um den Schulhof. Sie biss in einen rotbackigen Apfel.

„Hast du gehört? Deine Zofe blökt."

„Ulli und Cristina aus der drei A – das ideale Paar!"

„Weiber haben die Klappe zu halten – haut ab, verzieht euch aus unserm Dunstkreis, hier ist unser Revier!"

Walter Jacobi hatte den Daumen unter einen der Wasserhähne gepresst und drehte auf. Der Strahl ergoss sich breit über die Mädchen. Wie aufgeschreckte Hühner stoben sie kreischend auseinander.

„Iiiiii … altes Ferkel!"

Christel warf den angebissenen Apfel in die Gruppe der Jungen, die duckten sich, der Apfel zerplatzte an der Turnhallenwand.

Walter rannte den Mädchen nach. Während Lotti entkam, erfasste er Christel an einem ihrer langen dunklen Zöpfe und versuchte sie zu den Wasserkränen zu schleppen. Sie schrie, trat und schlug um sich. (Da werden Weiber zu Hyänen …)

Keiner hatte ihn bemerkt. Plötzlich war er da, der „Neue".

„Lass sie los!"

Graf Bobby war so verdutzt, dass er das strampelnde Wesen losließ und sich umdrehte.

„Was willst du denn, du Pfeife? – Kaum, dass er hier die Luft verpestet … auch schon große Fresse – Komm doch her du Grünling, du Piepe, ich mach aus dir Hackepeter."

Dabei schubste er den Kleinen vor sich her.

26

„Ich will keinen Streit. Du solltest nur das Mädchen loslassen. Ich finde das feige, sich an Schwächeren zu vergreifen."

„Du hast wohl lange nicht mehr nach Karbol gerochen, was? Du schlesische Lerge!"

Damit packte er ihn am Revers und stieß ihn zurück. Der „Neue" kam ins Stolpern, rutschte über das Kopfsteinpflaster und blieb für einen Augenblick zusammengekrümmt liegen. Langsam versuchte er aufzustehen, aber Jacobi gab ihm einen erneuten Stoß mit dem Fuß.

„Das reicht. Lass ihn!"

Ich fühlte mich plötzlich verpflichtet, dem Kleinen beizustehen. Schließlich war ich ihm das als sein Banknachbar schuldig. Selbst Bulle Galewski meinte, dass es als Belehrung reiche.

„Mein ich auch", wagte Ulli zu bestätigen.

„Halt's Maul, du schlapper Miesling!"

Der Junge stand auf, hinkte ein wenig, klopfte sich den Staub von der Hose und betastete erschreckt seinen rechten Ärmel.

„Meine Jacke", sagte er nur.

„Was ist? Ist das deine beste etwa?"

„Meine einzige."

„Die war dir sowieso zu klein", versuchte ich ihn zu trösten.

Studienrat Kern war plötzlich da. (Heb' da mal das Papier auf!)

„Was ist hier wieder los? − Selbstverständlich wieder die U III. − Galewski und Co. − Was ist?"

„Gar nichts."

Graf Bobby verzog sich mit dem dicken Beckmann und Ulli Getberg in Richtung Dom aus der Reichweite. Bulle Galewski lehnte lässig an der Backsteinmauer neben der Turnhalle und grinste Kern unverschämt an.

„Hast du was?", fragte Kern den „Neuen".

Der Junge guckte zunächst unschlüssig zu mir, dann zu Kern hinüber.

„Nein, war nichts. Ich bin nur gefallen!"

Schrill tönte die Klingel vom Hauptgebäude.

„Macht bloß, dass ihr reinkommt! Euch werden sie auch noch die Hammelbeine langziehen!", sagte Kern, dann trotteten wir

27

in unsere Klasse. – Latein bei „Magister Longus". (Hercules a rege vocatus statim venit. – Imperator nos laudabit.)

Nach Schulschluss hängte sich der „Neue" in unser Kielwasser.

Die Sextaner hatten den Ranzen nach vorn geschnallt und rammten sich gegenseitig damit vom Bürgersteig. Graf Bobby schlug einem, der ihn angerempelt hatte, seine Schulmappe auf den Kopf.

„Verdufte, du Winzling!"

Der Junge rieb sich den Kopf und ging mit bekümmerter Miene rückwärts zu seinen Freunden.

„Ich weiß, dass du geraucht hast – Tränengaszigaretten. Das wird gemeldet."

Wir lachten und setzten uns in Trab, denn in zehn Minuten fuhr unser Zug.

Der „Neue" saß neben mir im Abteil auf der Holzbank.

„Wie weit fährst du denn", fragte er. „Ich steige in Langenburg aus."

„Ich auch – und wo wohnst du?"

„Wir wohnen in der Uhlenbuschsiedlung – vorerst."

„Klein-Keeniksberrk", sagte der dick Beckmann und gluckste vor sich hin.

„Halt's Maul, Beckmann!"

„Was anderes: Wie sieht heute die Arbeitsverteilung aus?", fragte Bulle Galewski.

„Ich mach mit Beckmann Mathe", meldete sich Graf Bobby.

„Wenn er mitmacht, zieh ich mit Helmut – so heißt du doch – Englisch durch. – Machst du mit?", fragte ich den „Neuen".

„Mach ich, nur bin ich noch nicht so gut."

„Macht kaum die Hälfte."

„Also bleibt Latein für unsern lieben Ulli – und ich setze mal aus. Bin geschäftlich verhindert. Oberprima Geschäft, sag ich euch, hab das so im Urin."

Bevor Ulli dazu kam, Einspruch zu erheben, machten wir ihm klar, dass sein Vater als Apotheker ihn dabei tatkräftig unterstützen könne.

„Muss der doch können als Pillendreher. – Wehe du kommst morgen mit leeren Händen – mein lieber Scholli."

Am nächsten Morgen in der Eisenbahn wurden die mühevoll erarbeiteten Ergüsse ausgetauscht und „abgefilmt". Lücken und Fehler konnte man nach bestem Wissen und Können kaschieren und ausbügeln. – „Ratio-nelle Arbeitsverteilung" nannten wir das.

Vom Bahnhof aus gingen Helmut und ich ein Stück zusammen. Bis zur Papierfabrik Steilmann & Co, dann musste Helmut in die Stresemannstraße abbiegen (früher hieß die Hermann-Göring-Straße).

Vor drei Monaten sei er mit seiner Mutter und seinen beiden Geschwistern in die britische Besatzungszone gekommen.

„Zuerst Lager Friedland. Zweihundert Menschen in einem Saal, nur abgeteilt durch Sperrholzwände. A l l e s hast du da mitbekommen, j e d e s Wort. Kindergeschrei, Zankereien – jeden Pup. Und was die kochten, das konntest du auch riechen – und die Babywindeln und all die anderen Ausdünstungen – widerlich!"

Aus Breslau, in Oberschlesien, seien sie vor den Russen geflüchtet. Aber die Polen, die seien noch schlimmer gewesen.

„Die paar Männer, die beim Treck waren – einfach weggeholt. Ohne langes Federlesen wurden die abtransportiert. Später fand man einige erschlagen oder erschossen wieder. Lagen so da am Straßenrand – mit offenen Augen und offenem Mund, ganz blutig. Oder aufgehängt – drei, vier nebeneinander in einer Scheune, so."

Helmut legte den Kopf schräg auf die Brust, Zunge raus. Die Augen verdrehte er so, dass man nur noch das Weiße sah.

„Später haben uns dann deutsche Soldaten auf einem Lastwagen mitgenommen. Gingen auch nach Westen zurück. Die meisten hatten ihre Waffen weggeworfen. Die wollten nicht mehr kämpfen – für Führer, Volk und Vaterland, sagten die. Da fühlten wir uns doch sicherer bei denen. – Aber meine kleine Schwester Helga ist dann doch noch gestorben auf der Flucht. Lungenentzündung. War ja auch erst fünf Monate alt, das Würmchen.

Irgendwo am Waldrand haben wir sie dann begraben – ich weiß nicht mehr wo."

„Und dein Vater? Was ist mit dem?"

„Vermisst, in Russland. War im Kessel von Stalingrad. Vielleicht lebt er noch – man weiß nicht. Sie gäbe die Hoffnung nicht auf, sagt meine Mutter. Nicht, bevor sie Gewissheit habe, sagt sie. Und wenn es zwanzig Jahre dauert. Vielleicht steht er eines Tages munter und gesund vor der Tür: ‚Ich bin's', würde er dann sagen, ‚von den Toten auferstanden', und alles wäre gut." Wir gingen ein Stück schweigend nebeneinander. An der Papierfabrik fragte ich, was denn nun mit seiner Jacke sei.

„Meine Mutter wird natürlich schön schimpfen. Woher soll sie denn auch jetzt eine neue kriegen?"

„Ja, woher? Was tun, sprach Zeus, die Götter sind besoffen. – Es gibt zwei Möglichkeiten: Sie kauft auf Bezugschein – aber den hat sie ja nicht. – Oder … Oder wir organisieren eine; das heißt, wir kompensieren die bei der Tauschzentrale."

„Wie soll das denn gehen? Ich hab ja nichts zum Komp … Wie heißt das? Zum Kom – pen – sie – ren."

„Klar wie Klärchen – aber das machen wir so: Wir treiben vielleicht ein Paar Schuhe auf, die mir zu klein geworden sind. Das sind schon 4 Punkte. Vielleicht habe ich noch 'ne alte Hose von meinem Opa oder so – das sind noch mal 3 Punkte. Sind also schon sieben. Wenn uns der Jendrellek von der Tauschzentrale am Bahnhof für 'ne passende Jacke zehn Punkte abknöpfen will, müssen wir handeln oder wir jubeln ihm noch irgend so 'n ollen Kochpott unter, als Aufpreis. Vielleicht hat der gerade 'ne passende Jacke parat – 'ne Nummer größer wäre auch nicht so schlimm, da wächst du über 'n Winter noch rein."

„Meinst du, das könnte klappen?"

„Keine Bange. Ich kuck mal bei uns im Keller und im Kleiderschrank nach – werd schon was finden, irgendwas find ich da schon."

„Wenn du das könntest", Helmut strahlte mich an. „Wäre schon gut, wär das."

„Also denn, merke auf, mein Sohn: Wir treffen uns bei mir zu Hause. Vier Uhr. Zuerst Englisch zusammenkloppen. Dann ab zu Jendrellek. Wollen mal sehen, was der so auf Lager hat, der Junge."

„Alles klier." Helmut trabte ab in die Stresemannstraße. Er ließ seine Finger an den rostigen Eisengitterstäben, die den Garten von Steilmanns Villa zur Straße hin abgrenzten, entlanggleiten. Dann drehte er sich noch einmal um: „Hee-e, bis dahin, heeee!"

4. KAPITEL

Tauschzentrale

Die Türglocke an Jendrelleks Tauschzentrale schepperte müde, als wir die Tür hinter uns zuzogen. Hinter einem geblümten Vorhang, der einen Nebenraum hinter der Verkaufstheke verdeckte, hörten wir schlurfende Schritte. Bald darauf erschien ein grauer Zausekopf im Türrahmen.

„Womit kann ick die jungen Herren dienen?"

„Wir haben hier was zum Kompensieren", damit legte ich das Paar alte Gummiüberschuhe und die selbstgestrickte Wollmütze, die ich in der Kommode gefunden hate, auf die Glastheke. Den Elektrokocher, der lange Zeit unbenutzt im Keller gestanden hatte, behielt ich als Fauspfand in der großen Einkaufstasche unter meinem Arm. Jendrellek hob die Schuhe gegen das Licht, prüfte mit dem Fingernagel die Sohle und meinte: „Ooch nich mehr det Beste. Nich mehr als zwee Punkte wert."

„Drei Punkte aber mindestens. – Vorkriegsware."

„Na, meinetwejen. Und det? Wat is'n det, ne Mitze? Wa ham doch Somma, wa soll ick n jetzt mit ne Wollmitze?"

„Ist doch schon fast September. In ein, zwei Monaten reißt man sich darum. – Der Winter soll sehr streng werden, sagt man."

„Jut, übaredet, een Punkt, nich mehr."

„Zwei wäre besser. Reine Wolle ist das, sehen Sie mal!" Ich krempelte die Mütze auf links, um die Qualität zu demonstrieren.

„In Jottes Namen – zwee. Ihr macht ma noch bankarot, macht ihr mir noch."

Jendrellek raffte die Sachen zusammen und ordnete sie in einem Regal ein, in dem allerlei Gegenstände und Kleidungsstücke übereinander getürmt waren. Zehn Punkte brachten ihm die Schuhe und die Mütze allemal.

„Wat isn? Wat wollta nu kofen? Bitte scheen, allet vorrätig." Dabei machte er eine einladende Geste in Richtung Regal.

„'Ne Jacke suchen wir, hier für meinen Freund. Soll was Warmes sein, wenn's geht."

„Mit die fünf Punkte kommste aba nich hin – zehn muss ick schon haben."

Ich kramte meinen Trumpf, den Kocher, aus.

„Wenn ich das noch drauflege, müsst's aber reichen."

„Wat hass'n da? N ollen Kocher? Mensch, uf den hat ja der olle Fritz schon jekocht." Der Alte fingerte an den Spiraldrähten herum und prüfte den Kippschalter.

„Die Spiralen sin ooch schon jeflickt. Ne, den nimm ma widda mit."

„Herr Jendrellek, mein Freund hier braucht dringend 'ne Jacke. Der ist erst vor Kurzem aus Lager Friedland gekommen. Geflüchtet aus Breslau. Die einzige Jacke, die er hatte, ist ihm geklaut worden, in der Schule, beim Turnunterricht. Herr Jendrellek – bitte!"

„Aus Breslau jeflichtet? Die Lerge, aus Schlesien? Wat sagt man: Die besten Berlina komm aus Breslau."

Der Alte schubbelte Helmut durchs Haar. „Lass ma jut sin, Kleena. Da wolln wa ma kieken, wolln wa ma."

Jendrellek streifte seine Hosenträger, die bis dahin an beiden Seiten herunterhingen, über seine Schultern, und begann in einem Berg von Kleidungsstücken zu wühlen. Hosen, braun, blau, mit blanken Hosenböden. Feldgraue Militärjacken, von denen die Schulterklappen und der Reichsadler abgetrennt waren. „Det hier wär wat. Komm Kleena, zieh det ma üba!"

Mit beiden Händen hatte Jendrellek die Jacke am Revers erfasst und hielt sie Helmujt einladend hin. Helmut ließ bereitwillig seine Arme in die Ärmel gleiten.

„Knöp se ma zu." Der Alte strich mit seinen knochigen von blauen Adern überzogenen Händen über den Stoff.

„Wat sagste nu? Sitzt wie anjejossen, sitzt die. Dolle Schale, wa?"

Helmut stand etwas hilflos da. Von seinen Händen sah man nur die Fingerspitzen und die Schultern hingen auch auffallend unausgefüllt herab.

„Was sagst du dazu?", fragte er mich.

„Na ja – wenn man die Ärmel etwas kürzt, geht's wohl. Schließlich wächst du ja noch."

„Wenn du meinst? – Warm ist sie ja und auch kaum abgetragen." Helmut sah sich suchend um. „Haben Sie vielleicht 'nen Spiegel?"

„Hab ick. Hier bitte scheen."

Der Kleine drehte sich nach links und nach rechts. Hob die Arme und ließ sie wieder fallen, dann meinte er: „Na gut, wir nehmen sie."

„Weil du et bis – für den Preis. Ick sag ja, ick setze zu dabei. Det macht mein Jemüt, det macht mir noch bankarot, macht mir det."

„War 'n dufter Fang", sagte ich, als wir den Laden verlassen hatten und uns außer Sichtweite glaubten.

„Es gibt eben doch noch Leute mit Gemüt, wie der olle Jendrellek. Aber keine Angst, der kommt schon zurecht; anderen Leuten haut er dafür über's Ohr. Verscheuert immer mit Gewinn, davon lebt er doch."

„Jedenfalls bin ich froh, dass ich so 'n Prachtstück von Jacke erwischt habe, und meine Mutter wird sich freuen, kannst du mir glauben."

Die Spätsommersonne warf schon lange Schatten über die Straße. Im Hochgefühl des Erfolges schlenderten wir durch die Straßen, blieben hier und da an einem Schaufenster stehen und sahen uns die dürftigen, verstaubten Auslagen an. Bei der Buchhandlung Pelzer lagen neben blau gebundenen Schreibheften, Bleistiften und Krepppapier ein paar Romanhefte im Fenster. „Die Geisterreiter", „Tom Mix räumt auf", „Der Rächer von Alabama". (Schmutz und Schund, wie Studienrat Hoppe sagte.)

„Hast du schon den neuen Old Joe gelesen? Jede Menge spannend."

Bei Kuhlmanns Anna lagen Angelhaken aus. Doppelhaken und mit Fliege. Angelschnur aus echtem Katzendarm. „Katzendärme. Wie lang die wohl bei 'ner Katze sind. Mindestens sechs Katzen müssten dran glauben für so 'ne Zwanzigmeterschnur. Was meinst d u ?"

An der Seltersbude gab's Karamellen (Plombenzieher) und Knickelwasser: rot, grün und gelb. „Brausepulver in die Handfläche und reinspucken. Das kribbelt wie verrückt, mach das mal!" „Wollen wir meiner Mutter meine neue Jacke mal vorführen? Was die wohl sagt, Kommst du mit?" „Wie spät? Halb sechs. Na ja, ist ja noch früh am Tag. Kann ich machen, da weiß ich gleich, wo du wohnst." Helmut meinte, dass man nicht renommieren könne mit der Wohnung. Notunterkunft. Bis man was Besseres findet. ‚Klein-Königsberg' sagten die Leute. ‚Nissenhütte': „Das klingt ja schon nach Ungeziefer." Zum Teil stimme das ja auch. Nachts könne man das Kratzen und Knabbern unter den Dielenbrettern hören. Ob das nun Mäuse oder Ratten seien, könne man nicht mit Bestimmtheit sagen. An einer Stelle sei der Fußboden bereits durchgenagt. Man habe schon Gift gestreut und Fallen aufgestellt, aber viel geholfen habe das auch nicht. Jedenfalls seien sie froh, wenn sie eine andere Wohnung bekämen. Der Mann vom Wohnungsamt habe ihnen fest zugesagt, dass es nicht mehr lange dauern könne. Der Flüchtlingsausweis sei ja Gold wert, habe er gemeint.

„Mama, das hier ist mein neuer Freund", sagte Helmut zu der Frau, die neben der Holzbaracke in einer umgebundenen Schürze und in halbhohen Schuhen Wäsche auf die Leine hängte.

„Die Jacke hier hat er mir besorgt, ist das nicht prima? Kompensiert in der Tauschzentrale."

„Na, wenn das nur mit rechten Dingen zugegangen ist."

„Keine Angst, Frau Steinke, hat schon alles seine Richtigkeit. Keine krumme Sache."

„Na, wenn das so ist, dann kommt mal beide rein!"

Helmuts Mutter fragte, ob ich was mitessen wolle.

„Ja, wenn's keine Umstände macht."

Es gab „Schlesisches Himmelreich". Leider schmeckte es nicht so, wie es sich anhörte.

5. KAPITEL

Von der Geschichte eingeholt

Jemand klopfte an die Klassentür.

„Ja, bitte!", sagte Studienassessor Blömeke und unterbrach seine geometrische Darstellung nach dem Satz des Pythagoras. (Die Summe der Kathetenquadrate ist gleich dem Hypotenusenquadrat. – Dürfte klar sein, ist das klar? – Nööö.)

„Sie möchten bitte zum Direx ... Äh, Herrn Direktor kommen. Es soll wichtig sein", sagte der schlaksige Junge im Türrahmen.

„Soll wichtig sein – oder i s t wichtig?"

„Weiß nicht. Alle Lehrer sollen jedenfalls sofort zum Direktorzimmer."

Wir sollten uns den pythagoräischen Satz schon mal einprägen und alles noch mal überdenken, er sei gleich wieder da, sagte Blömeke.

„Straubach, du übernimmst die Aufsicht. Ich bitte mir Ruhe aus, das dürfte klar sein."

Straubach, der Sohn von Studienrat Straubach (dafür kann ich doch nichts), hatte sich demonstrativ vor der Klasse aufgebaut und „Ruhe!" geschrien, als die ersten Balgereien begannen.

„Ich melde jeden, der sich nicht ruhig verhält."

„Wag es nicht, du Denunziant! – Hast wohl deine HJ-Manieren noch nicht abgelegt, was? – Zucht und Ordnung, du trübe Tasse."

Der dicke Beckmann hatte sein Skatspiel hervorgekramt und begann die Karten zu mischen. „Wer reizt mit?"

„Die schöne Ingrid reizt mit – soo." Graf Bobby stolzierte hüftschwenkend zwischen den Bankreihen, schlug die Augenlider nieder, spitzte die Lippen und versuchte einen Kussmund.

„Ach, du Doofmann", sagte Ingrid Schöne und errötete bis zu den Haarwurzeln.

„Ruhe!", schrie Straubach verzweifelt.

Jemand hatte den Tafelschwamm mit Wasser durchtränkt und warf ihn quer durch die Klasse. Peter Scholz, unser Klassenprimus, duckte sich und Ulli Getberg, der hinter ihm saß und sich über die Darstellungskunst Graf Bobbys freute, bekam ihn ins Gesicht. Noch bevor er seinen durch Kreidewasser auf seiner Brille getrübten Blick wieder freibekam, warf er den Schwamm blindlings in die Richtung zurück, aus der er gekommen war. Er traf Straubach, der bereits einige Namen an die Tafel geschrieben hatte. Mit einem vorwurfsvollen Blick auf Ulli, jedoch ohne ein Wort, ergänzte er die Namensliste durch den Namen Getberg. Danach versuchte er den Schwamm in Sicherheit zu bringen, um weiteren Exzessen vorzubeugen.

„Gib her!", sagte Bulle Galewski in bedrohlich ruhigem Tonfall und ging auf Straubach zu.

Straubach ließ das Streitobjekt hinter seinem Rücken verschwinden. „Setz dich hin, oder ..."

„Oder was? – He, oder was?"

Bulle hatte Straubach am Kragen gepackt und gegen die Tafel gedrückt. Mit der Linken riss er ihm den Schwamm aus der Hand und wischte die Namen mit ein paar weiten Schwüngen von der Tafel. Dann steckte er Straubach den nassen Schwamm rücklings hinter den Hosenbund.

„Da hast du deinen dämlichen Schwamm, du Pflaume."

Die Klasse brüllte vor Vergnügen. Auch Ullis Grinsen weitete sich mehr als gewöhnlich aus. Er putzte eifrig an seinen Brillengläsern (Ohne Brille hat der 'n Kopf wie 'ne Birne: oben schmal, unten breit. Direkt fremd.)

Straubach mühte sich, den wassertriefenden Schwamm aus seiner Hose zu entfernen. „Das wird gemeldet ..."

„Wag es nicht! Ein Satz Klassenkeile dürfte dir sicher sein."

„Er kommt!", rief der kleine Stengel, unser Türwächter und warf sich in seine Bank (Blömeke ante portas).

„Herr Studienassessor, der Galewski und ..."

„Setz dich, Straubach!"

„Aber Herr Sud ..."

„Ich sagte, setz dich!"

Blömeke machte ein ernstes Gesicht, ging zum Fenster und sah einige Sekunden schweigend hinaus zu den Kastanienbäumen, die bereits ihre ersten Blätter verloren. Ohne sich zur Klasse umzudrehen, sagte er: „Studienrat Hoppe ist tot. – Er hat sich in der letzten Nacht das Leben genommen."

Niemand sagte etwas. Betreten, vielfach verlegen, blickten wir uns an.

Wohl mehr, um die Stille zu unterbrechen, meldete sich Galewski: „Das Leben genommen? – Wieso?"

„Er hat sich erhängt, in seiner Zelle. Untersuchungshaft – ihr wisst ja …"

Studienrat Hoppe, Plätzchen hatten wir ihn genannt, wegen seiner Baskenmütze mit dem Zipfel darauf (Plätzchen mit Blitzableiter). Ein unscheinbarer Mann. Schmalbrüstig, mit der krankhaften Blässe eines Magenkranken, so kam er an jedem Morgen mit seinem grauen Klepper-Regenmantel und der obligatorischen Baskenmütze zur Schule geradelt.

Er sei zwar Mitläufer in der Partei gewesen (NSDAP), aber man habe ja mit den Wölfen heulen müssen, um nicht beruflich ganz isoliert zu werden. Daraus habe er auch kein Hehl gemacht. Man habe ihn aber eingehend durchleuchtet politisch, entnazifiziert. Danach sei er wieder in den Schuldienst aufgenommen worden, völlig rehabilitiert.

Die deutsche Literatur läge ihm besonders am Herzen. Die Klassiker. Von Wolfram von Eschenbach mit seinem Parzival bis Goethe mit seinem Faust („Meine Faust in deiner Fresse – von Goethe", sagte Bulle Galewski immer). Oder Schiller: Don Carlos und Wilhelm Tell. Und Lessing, ja Lessing hinge ihm besonders an.

Minna von Barnhelm, Emilia Galotti und Nathan der Weise und wie seine Werke alle heißen.

Nathan der Weise, wie hatte Hoppe darauf herumgeritten:

Hinzugefügt, wie frei von Vorurteilen
sein Geist, sein Herz wie offen jeder Tugend,
wie eingestimmt mit jeder Schönheit sei.

Das sei bereits das Anliegen der Aufklärung vor fast zweihundert Jahren gewesen: frei von Vorurteilen.

Die Nazis hätten diese Erkenntnis mit Füßen getreten. Die Antwort des Patriarchen auf eine Frage des Tempelherrn:

„Tut nichts! Der Jude wird verbrannt",

schien Hoppe peinlich zu berühren. Als ich die Judenverbrennung vor zweihundert Jahren mit den Konzentrationslagern in Verbindung brachte und wissen wollte, ob das nicht vielleicht Vorbild oder zumindest Anleitung für die Judenverfolgung Hitlers gewesen sein könne, wich er aus. Das sei etwas anderes, das sei historisch erwiesen.

Was die Nazizeit anbelangte, schien er unter einem Schuldkomplex zu leiden. Zu diesen Dingen wolle er sich nicht weiter äußern und das gehöre nicht zum Lehrstoff.

Dann hatten sie ihn geholt. Zwei undurchsichtige Gestalten mit Schlapphut und Ledermantel. Es solle etwas ruchbar geworden sein. Denunzierung eines verkappten Kommunisten. Der Mann soll anschließend ins Konzentrationslager deportiert worden sein, Dachau oder Buchenwald. Sein Sohn sei vor Jahren auch hier auf der Penne gewesen. Schließlich habe man ihn von der Schule geekelt, besonders Hoppe soll maßgeblich beteiligt gewesen sein, sagte man. Nun sei das die Rache dafür, die Rache des kleinen Mannes.

Wie man später erfuhr, sei an der Sache nichts dran gewesen, aber Hoppe habe sich das so zu Herzen genommen, dass er sich in der Untersuchungshaft aufgehängt habe, so habe man ihm zugesetzt, dem armen Mann.

„Frau Dr. Müller-Cloppenburg wird für die nächste Zeit den Deutschunterricht in dieser Klasse übernehmen. Wie's weitergeht, weiß man noch nicht", sagte Blömeke. „Und jetzt nochmals zum Pythagoras. Wie war das noch, Beckmann? Die Summe der Kathetenquadrate … weiter?"

6. KAPITEL

Im Jahr 1978 - Wie war das damals?

Frank ließ sich mit einer Flasche Coca-Cola, die er aus dem Kühlschrank in der Küche geholt hatte, in den Sessel sinken.

„Frischwärts – mit Coke!"

Er nahm einen kräftigen Schluck, schnipste den Spritzer Cola von seiner Nasenspitze und meinte:

„Ging es denn allen nach dem Krieg so schlecht, dass sie nichts zu beißen hatten?"

„Das kam drauf an. – Da gab's Leute, die hängten nach Kriegsende sofort die Fahne nach dem Wind."

„Was heißt das, ‚die Fahne nach dem Wind'?"

„Na ja, die hatten vorgesorgt, materiell und politisch. Nach dem Motto,An der Quelle saß der Knabe', verstehst du?"

„Nein!"

„Also, da gab's zum Beispiel den Oberländer. Als Oberstabszahlmeister hatte der bei der Wehrmacht das Verpflegungs- und Bekleidungslager zu verwalten. Während des Krieges drückte er sich in der Heimat herum, an der,Heimatfront' hieß das dann. Beim Zusammenbruch, also bei Kriegsende, hatte der sich natürlich mit Lebensmitteln und anderen Dingen eingedeckt. Alles aus Lagerbeständen. Mit den feinsten Delikatessen konnte der aufwarten. Damit machte er später auf dem Schwarzmarkt das große Geschäft. Kompensierte mit den größten Schiebern und bestach auch noch die Behörden. Die Alliierten haben davon wohl nichts gemerkt oder wollten es nicht merken. – Na ja, heute ist er Wurstfabrikant."

„Und die anderen? – Wie kamen die zurecht, hatten die denn kein Geld?"

„Geld? Das hatte wohl jeder, aber man bekam nichts dafür. Es wurde ja noch nichts produziert in Deutschland, ohne dass die Alliierten ihre Finger darin gehabt hätten. – Und wenn, dann war das so minimal, dass eine ausreichende Versorgung der Bevölkerung gar nicht möglich war. Importiert wurde auch nichts, denn die Reichsmark war nichts mehr wert. Aber das hatte wirtschaftliche Gründe, die ich dir jetzt nicht näher erklären kann."

„Hat das was mit dem Goldwert oder so zu tun?"

„Ja, so ähnlich. – Außerdem wurden die paar Produktionsbetriebe, die nicht durch Bombenangriffe ganz zerstört wurden, von den Alliierten demontiert."

„Was heißt das nun schon wieder: de – mon – tiert?"

„Brauchbare Maschinen und Produktionsmittel wurden abmontiert und nach England, Amerika und von der damaligen sowjetischen Besatzungszone nach Russland transportiert. Das nannte man Reparationskosten oder Kriegsschuldenlast."

„Wovon lebten die Leute denn, wenn sie nichts kaufen konnten?"

„Es gab Bezugsscheine für Lebensmittel und Kleidung. Das reichte aber meistens hinten und vorne nicht. Man war gezwungen zu kompensieren, also Ware gegen Ware, wenn man einigermaßen über die Runden kommen wollte."

Im Treppenhaus hasteten die Möbelpacker den Küchenschrank in die erste Etage. „Hau – ruck! – Lass kommen! – Haaalt!"

Frank steckte seinen Zeigefinger in die Cola-Flasche und zog ihn ploppend heraus.

„Eigentlich waren die Deutschen doch selbst schuld daran, dass es ihnen so schlecht ging nach dem Krieg, stimmt's Papa? – Schließlich haben sie doch mit dem Krieg angefangen. Und was die mit den Juden gemacht haben …"

„Das waren nicht d i e Deutschen, das haben uns die Nazis eingebrockt. Nicht jeder Deutsche war schließlich ein Nazi. Ich so wenig mit meinen zehn Lenzen wie mein Vater, der mit den Nazis nichts zu tun haben wollte. ‚Die stürzen uns noch ins Unglück', hatte er immer gesagt."

„Aber warum haben denn diejenigen, die nicht Nazis waren, oder gegen sie waren, da mitgemacht?"

„Du stellst Fragen – Weil sie nicht anders konnten, sonst wären sie selbst eingesperrt oder liquidiert worden. Es gab einige, die das versucht haben.

In unserer Straße wohnte damals der alte Bartels. Überzeugter Sozialdemokrat, machte selbst kein Geheimnis daraus. Dem hatten sie im ersten Weltkrieg ein Bein abgeschossen, deshalb brauchte der nicht an die Front.

Wenn der in den letzten Kriegsjahren 44/45 meine Mutter auf der Straße traf, dann schimpfte er hemmungslos auf den böhmischen Gefreiten, damit meinte er Adolf Hitler, und auf den ‚Reichsheini‘, Heinrich Himmler. Dass das mit dem Gequatsche vom Endsieg alles Mumpitz sei und dass der Krieg schon so gut wie verloren sei.

Ich stand als Junge dabei und konnte nicht begreifen, dass jemand es wagte, so etwas zu sagen, denn schließlich hörte man aus dem Volksempfänger, also dem Radio, nur von Wunderwaffen, die dem deutschen Volk den Endsieg brächten. Mit Sondermeldungen wurde man eingedeckt: Wieder so und so viele Bruttoregistertonnen versenkt oder da und da die bolschewistischen Angreifer blutig zurückgeschlagen.

Und Konzentrationslager, das seien Arbeitslager, in denen Verbrecher, Volksfeinde und Verräter und solche ‚Elemente‘ erst mal das Arbeiten lernen sollten. So hatte man das immer nur gehört in den Propagandareden von Göbbels und dem ‚Führer‘.

Wenn der Bartels zu schimpfen begann, dann sagte meine Mutter oft, dass er doch um Gottes Willen ruhig sein solle. Wenn das mal jemand höre und ihn anzeige.

Sie selbst käme noch in ‚Teufels Küche‘ wenn sie sich das anhöre. – Na ja, eines Tages hieß es, dass sie den alten Bartels abgeholt hätten – interniert, Kon – zert – lager, wie man sagte. Er habe den feindlichen Propagandasender London abgehört (ta – ta – ta – tamm). Man habe ihm das nachweisen können.“

Frank meinte, warum man keine Revolution gemacht habe. Bestimmt seien doch genügend da gewesen, die mitgemacht hätten.

„Junge, du hast vielleicht Vorstellungen –. Glaubst du, das wäre damals so einfach gewesen? Das waren doch ganz andere

Zeiten. Man hatte nicht mal das Recht, die persönliche Meinung frei und öffentlich zu sagen, das siehst du ja an dem alten Bartels."

„Mit der freien Meinung ist das heute aber auch nicht so weit her. – Wenn ich zum Beispiel in der Schule meine freie Meinung über unseren Lateinlehrer, den ausgeflippten Typen, sagen würde, dann könnte ich sicher sein, dass das für mich auch einige Konsequenzen zur Folge hätte."

„Ist doch was ganz anderes. – Wenn du deine Meinung in der entsprechenden Form und unter Beachtung der Höflichkeitsformen abgeben würdest, dann würde dir sicher nichts geschehen."

„Ja klar, dann könnte ich aber nicht das Wort sagen, was ich gerne sagen möchte und das ist doch dann keine freie Meinung mehr, oder?"

„Deine Logik ist umwerfend!"

Ich dachte einen Augenblick über das nach, was Frank gesagt hatte. So ganz unrecht hatte er wohl doch nicht.

„Im Übrigen", versuchte ich weiter zu erklären, „nach dem Krieg war das ähnlich. Unsere Lehrer wanden sich wie die Aale, wenn sie politisch zu einer Sache Stellung nehmen sollten. Da wurde jedes Wort auf die Goldwaage gelegt und man vermutete hinter jedem einen verkappten Nazi. Bevor man wieder in den Beruf im öffentlichen Dienst zurückkam, musste man sich politisch gründlich durchleuchten lassen. Ob man in der Partei war und ob man an irgendwelchen Kriegsverbrechen beteiligt war. Entnazifizierung nannte man das. Einige rutschten trotzdem durch die Maschen und saßen später wieder auf den maßgeblichen Posten. Vitamin B wie Beziehungen. Es gab zu der Zeit auch Leute, die sich durch Denunziation bei den Alliierten persönliche Vorteile erhofften. Hingehen und sagen: ‚Ich kenne einen, der war in der Partei ein hohes Tier. Oft war dann nichts dran an der Sache, aber der Makel blieb.'"

„Ich glaube, das gibt's wohl immer. Wenn ich nur an den Geierbach aus unserer Klasse denke, diese alte Petze", meinte Frank.

7. KAPITEL

1947 - Turnstunde

In den zwei letzten Stunden hatten die Mädchen „Leibesübungen" bei Fräulein Behle, einer kleinen altjüngferlichen Person mit Haarknoten und vergrämten Falten um die Mundwinkel.

Wir hatten Freistunde, Zeit genug, um bis zur Abfahrt unseres Zuges die Stunden mit „Messerstechen" totzuschlagen.

„Wer macht mit, Mess-chenstechen?"

Hinter der Turnhalle hatten wir uns eine regelrechte Kampfarena aus lockerem Sand angelegt. Aus verschiedenen Positionen ließen wir unsere Messer so in den Sand fallen, dass es möglichst mit der Spitze darin stecken blieb. Das war dann jedes Mal ein Punkt. Mal warf man es mit Schwung, mal ließ man es sich mehrmals in der Luft überschlagen. Spitze auf den Daumen gesetzt, auf die Nasenspitze, auf die Stirn und dann fallen lassen. Mal warf man es nach oben.

Vom Norwegenfeldzug hatte mein Vater ein Finnenmesser mitgebracht, um das mich alle beneideten (echt Hirschgeweih, das Griffstück). Bulle ließ seinen HJ-Dolch, an dem er die Raute mit dem Hakenkreuz abgefeilt und die Klinge beidseitig geschliffen hatte, in den Sand sausen. (Kuck mal! Kannste 'ne Entenfeder in der Luft mit spalten).

Ulli Getbergs Klapptaschenmesser, an dem eine Griffschale fehlte, kam meist mit dem Griffstück zuerst in dem Sandhaufen an. Das läge an der ungünstigen Lage des Schwerpunktes, meinte er.

„Geschenk von meiner Tante. Hat mal meinem Onkel gehört. Der braucht es jetzt nicht mehr, der ist in Russland gefallen. – Echt Solinger Stahl, rostfrei."

Der dicke Beckmann hatte, in Ermangelung eines Messers, einen langen Nagel in ein längliches Holzstück geschlagen und durch Umwickeln mit Draht den Schwerpunkt zur Nagelspitze hin verlegt. (Das gibt todsichere Treffer. Da schmeißt ihr eure Zachel für weg.)

„Däumchen – einmal. Zinken – zählt doppelt. Von der Stirne heiß ... – mal drei und Luftikus – mal vier. Au, verdammt. Na ja. Kleinvieh macht auch Mist – sechs Punkte für Vater. – Beckmann, du bist am Dranzen!"

Graf Bobby fand, dass das Spiel total verblödet sei, kindisch, was für Stupidis. Demonstrativ hatte er sich auf den Backsteinhaufen an der Turnhallenmauer gehockt und pulte mit seinem Taschenmesser genüsslich an seinen Fingernägeln (Ich sage euch, echt Silber, hier, drei – dreiunddreißiger Silber, gestempelt).

„Wennste meinst, du bist allein, mach dir deine Nägel rein!"

„Kümmer du dich um du dich, du Kümmerling!"

Aus der Turnhalle schrillte die Stimme von Fräulein Behle: „Und Schwung – und Schwung – und ... Helga, mehr durchbeugen ... Haaaalt!"

Jemand klatschte in die Hände.

„Noch mal Aufstellung ... flott, flott, flott ...!"

In der Halle lautes Gestampfe und Mädchenkreischen.

„Rrrrruuuuuuhe!"

Graf Bobby hatte sich auf den Backsteinhaufen gestellt und lugte durchs Fenster in die Turnhalle.

„Kuckt euch die Weiber an, Mann, oh Mann."

Wir steckten unsere Messer ein und kletterten auf den Steinhaufen. Wie die Kasperlepuppen drückten wir die Nasen an der Scheibe platt. Die Hände wie Scheuklappen seitlich an den Kopf gelegt, versuchten wir die Blendwirkung der Sonne in den Scheiben zu mindern.

„Poooooh, kuck mal, die Christel, hat die was unterm Hemd!"

(Das ist wohl Kamelhaarwolle, was? Man sieht's an den Höckern).

„Nichts gegen die Beine von der Lotti, aber Gurken gehör'n ins Fass!"

„Die dicke Marlies pumpt wie 'n Maikäfer. Pass auf, gleich hebt die ab!"

Fräulein Behle stand in ihrer Pumphose mit dem Rücken zum Fenster. Sie brüllte ihre Befehle in die Halle und hatte uns offenbar nicht bemerkt. Einige Mädchen, die unsere Gesichter hinter der Scheibe erkannt hatten, steckten die Köpfe zusammen und kicherten in die hohlen Hände.

„Christel, Ingrid, was gibt's denn da zu lachen?", kreischte Fräulein Behle. Als ein Mädchen zu den Fenstern zeigte, duckten wir uns blitzartig.

„W a s ist da? – Dummes Zeug. Lasst die Albernheiten. Weiter! Und jetzt den Hampelmann. – Eins und zwei und eins und …" Fräulein Behle klappte die Hände über dem Kopf zusammen und deutete eine Grätsche an.

Vorsichtig peilten wir über den Fensterrahmen.

„Hihihi! Die lufttrockene Behle macht Männchen, kuck mal!"

Wir lachten, glucksten und prusteten vor Vergnügen.

Die Fröhlichkeit schien sich auf die Mädchen in der Halle zu übertragen. Lachen, Kichern, zu den Fenstern zeigen. Zwei Mädchen versuchten sich hinter einem Sprungbock zu verstecken.

„Himmeldonnerwetter noch einmal – Rrrruuuhe! – Wer ist das denn da oben?", schrie Fräulein Behle aus Leibeskräften und machte Anstalten, zur Tür zu gehen. Im Nu sprangen wir von dem Steinhaufen, schnappten unsere Taschen und wollten gerade um die Ecke verschwinden, als wir den „Eisernen" vom Hauptgebäude auf die Halle zukommen sahen.

„Mensch, der Alte! Nix wie weg!"

Wir rannten die kleine Böschung hinauf, überkletterten hastig den Maschendrahtzaun zu den Schrebergärten und erreichten schließlich außer Atem die rettende Hauptstraße, die zum Bahnhof führte.

„Wo ist Ulli?"

„Im Schrebergarten war er noch da. Mensch, hoffentlich hat der Eiserne den nicht erwischt."

„Wenn der uns in die Pfanne haut – prost Mahlzeit!"
Ich schlug vor, mit Bulle nochmals zurückzugehen, um Ulli aufzustöbern.

Hinter dem Zaun, in einem Gebüsch hockend, fanden wir ihn.

„Wo bleibst du denn, du Pfeife?"

„Mensch, meine Tasche."

„Was ist denn?"

„Meine Tasche. Ich hab meine Tasche da unten stehen lassen. Wenn der Eiserne die findet, bin ich erledigt."

„Mach keinen Quatsch, dann sind wir auch mit dran. Der quetscht dich doch aus wie 'ne reife Zitrone."

„Ich sag nichts, bestimmt nicht. Könnt euch drauf verlassen."

(Was grinst der Blödmann denn noch so dämlich dabei?)

„Du hast doch schon jetzt die Büx voll."

Vorsichtig pirschten wir an der Innenseite des Zaunes entlang, bis wir, durch einen Stachelbeerbusch verdeckt, das auf uns zukommende Drama übersehen konnten. Fräulein Behle lief in ihrer Pumphose aufgeregt an der Halle hin und her: „Schamlose Bengel! Lüstlinge! Unverschämtes Benehmen!"

Der „Eiserne" kramte in einer abgestoßenen Schultasche und fingerte ein Schulheft hervor. – Ullis Tasche. Zu spät. Alles zu spät.

„Jetzt ham' wir den Salat", zischte Bulle Ulli zu.

„Warum musst du Riesenross auch wieder mal deine Tasche vergessen. Mann o Mann, du Rindvieh!"

„In – in der Eile ..."

„Ach, halt' s Maul!"

Direktor Braunkötter hielt das blaue Schreibheft weit von sich, um besser lesen zu können.

„Frau Kollegin, kommen Sie doch mal her! Sagen Sie, können Sie das lesen? Sie wissen, ohne Brille ..."

„Ullrich Getberg, Klasse U/III b. Aha, Klasse U/III b!"

Triumphierend hielt sie dem „Eisernen" das Heft nochmals hin. „Hier, Klasse U/III b, Getberg. Na warte ...!"

Dabei richtete sie sich in ihrer Pumphose auf wie ein Zwerghahn vor dem Krähen.

Wir hörten sie noch etwas von Sittenverfall, Pubertät und Verwahrlosung sagen, dann verschwand sie mit dem „Eisernen" und der Tasche hinter der Turnhalle.

Als wir den Rückzug durch den Schrebergarten antraten, riss Bulle ein paar Erbsenschoten von den Stauden und schob sie sich, ohne sie zu öffnen, in den Mund. Während er darauf herumkaute, meinte er, dass man ja immer noch sagen könne, Ulli sei die Tasche geklaut worden oder man habe ihm einen üblen Streich gespielt, ihm eins beigebogen. Geklaut, das sei eigentlich d i e Lösung. Er solle morgen den Diebstahl melden, das hätte dann noch den Nebeneffekt, dass er seine Hausaufgaben für morgen nicht zu machen brauche. – Das sollten sie ihm erst mal nachweisen, dass er an der Halle war. Nur dichthalten müssten wir alle und die Weiber müssten wir noch beeinflussen, dass die ihre gottlose Klappe zu halten hätten.

8. KAPITEL

Hitler in Öl

Wir hockten auf der Bruchsteinmauer vor Ortsgruppenleiter Börnemanns Villa. Graf Bobby hatte 'ne Runde Kaugummi rausgetan. „Aus eisernen Beständen. Lass mich schließlich nicht lumpen." In der ersten Etage lagen zwei englische Soldaten im Fenster, die den Mädchen auf der Straße nachpfiffen.

(Hallo, lovely girl! Come in, come up to me – Frouillein!)
Aus einem offenen Fenster im Parterre quäkte ein Radio: 'You are hearing music from BFN in Germany … and here Glenn Miller … Chattanooga Choo Choo … and In the mood … dann … A sentimental journey …'

> *„Stell dir vor, wir hät-ten was zu rau-chen.*
> *Stell dir vor, wie schön das wär …*
> *Pam-padam-padam-padam-padampam …"*

Graf Bobby wippte mit dem Oberkörper und trommelte den Takt auf seiner Schultasche.
„Haste mal 'ne Fluppe parat, Bobby? Jede Menge Lungenschmacht", fragte der dicke Beckmann.
„Bin völlig blank. Keine Aktive, nicht 'mal 'ne dürftige Kippe – reineweg nix, floriert nicht, der Nachschub."

Ulli hatte sich auf einen der Torpfosten am Eingang zur Villa gestellt und schob die Daumen vorn in den Hosenbund. „Deutsche Jungen sind zäh wie Leder, flink wie die Windhunde und hart wie Kruppstahl! – Wisst ihr noch, wie Börnemann damals bei uns Pimpfen im HJ-Heim aufkreuzte und große Reden geschwungen hat? – Mensch, hatte ich Manschetten – Der Herr

Ortsgruppenleiter kommt! – Glaubte, dass er der Vertreter vom Führer persönlich wäre. Und jetzt sitzt der im Hotel ohne Klinken, gesiebte Luft, als Kriegsverbrecher verdonnert."

Ulli breitete die Arme aus: „Hochmut kommt vor dem Durchfall, wie Plätzchen immer sagte. Scheeeee!"

Ulli machte eine seitliche Bewegung und ließ sich wie ein abstürzendes Flugzeug von dem Pfeiler fallen.

„Wenn der Krieg noch 'n paar Tage gedauert hätte, dann hätten die uns auch noch als Kanonenfutter verheizt, kannst du glauben", sagte ich.

„Quatsch mit Soße! Doch keine Winzlinge von zwölf Jahren", meinte Graf Bobby.

„An der Steinbergstraße, neben der alten Post, sollen jedenfalls Zwölfjährige mit 'ner Panzerfaust gelegen haben. Den ersten besten Tommypanzer wollten die abknallen. Der alte Timmermann, der jetzt bei Adlers Schraubenfabrik den Pförtner mimt, soll denen das Ding weggenommen haben. Mit solch gefährlichen Sachen sollten sie man lieber nicht herumspielen, hat der gemeint. Dann soll er sie nach Hause geschickt haben. Irgend so 'n ganz strammer Fähnleinführer wollte den Timmermann dann noch anzeigen. Wegen Wehrkraftzersetzung und Sabotage. Stellt euch das mal vor – so kurz vor Kriegsende."

Über den Kiesweg von Börnemanns Villa kam ein englischer Offizier auf uns zu. Das Stöckchen unter dem Arm, blankgeputzte Schnürschuhe und eine Zigarette im Mundwinkel. Die beiden Soldaten am Fenster verschwanden blitzschnell von ihrem Ausguck.

„Passt mal auf!", sagte Graf Bobby und versuchte ein Grinsen. „Hallo, Captain MacLean!"

Der Offizier griff nach seinem Stöckchen, hob es unter dem Arm vorne an und tippte mit der linken Hand an die Schirmmütze. „Hallo, Boys. How are you?"

„Alles okay, Captain MacLean."

Fast vor unseren Füßen ließ er die kaum angerauchte Zigarette fallen und zwirbelte an seinem rostbraunen Schnauzbart.

Ulli wollte von der Mauer springen, um sich auf die Kippe zu stürzen.

„Mensch, bleib bloß sitzen!", zischte ich ihm zu. „Der legt's doch drauf an."

Scheinbar gelangweilt blieben wir sitzen und baumelten mit den Beinen gegen die Bruchsteinmauer. MacLean drehte sich nochmal grinsend nach uns um, stieg in einen Jeep und brauste mit aufheulendem Motor davon. Sobald er außer Sichtweite war, stürzten sich fünf Jungen gleichzeitig auf die glimmende Kostbarkeit auf dem Kopfsteinpflaster. Mit seiner Körperfülle hatte der dicke Beckmann eine Bresche in das Jungenknäuel gerammt und seinen Fuß auf die Zigarette gestellt. Graf Bobby zog seine Hand zurück: „Pass doch auf, du Trampeltier, du elendes!"

Beckmann bog sich die ziemlich ramponierte Zigarette wieder zurecht, wischte notdürftig den Staub ab, steckte sie sich zwischen die Lippen und sagte: „Hat vielleicht einer der Herren Feuer?"

„Du kannst Feuer auf die Augen haben."

Mit überlegenem Lächeln steckte der dicke Beckmann seine Beute in die Jackentasche: „Na, dann eben später."

„Übrigens, Leute, wie ihr bemerkt haben dürftet, mir kein Unbekannter, der Captain MacLean. – Ich i h m übrigens auch nicht. Könnte das Geschäft ungemein günstig beeinflussen. – Beziehungen sind eben alles", renommierte Graf Bobby.

„Nun mach mal nicht so 'n Wind mit deinem kurzen Hemd!"

„Tatsache. John, äh, Corporal John Helly. Der Freund meiner Schwester – na, ihr wisst schon. Also, jedenfalls hat John mir geflüstert, dass MacLean scharf auf deutsche Orden und Ehrenzeichen ist. Spuckt bestimmt was Brauchbares dafür aus. Ließe sich nicht lumpen, meint John. Schokolade, Kaffee, Aktive und so. – Das auf dem Schwarzmarkt verhökern, was meint ihr, was das für 'n Reibach gibt."

Ich sagte, das sei kein schlechter Gedanke, obwohl gute Gedanken von ihm Seltenheitswert hätten. Möglicherweise könne ich so was auftreiben. Im Stillen hatte ich an die Orden meines

Vaters gedacht, die er in einer mit blauem Samt ausgepolsterten Besteckschachtel aufbewahrte.

Ulli meinte, dass er sogar mit größeren Sachen aufwarten könne. Soweit er sich entsinne, habe man damals, beim Einmarsch der Besatzungstruppen, Hitlers „Mein Kampf" im Keller, unter den Kohlen in einer Kiste verbuddelt.

„Mein Kampf" in Ziegenleder gebunden.

Wenn ihn nicht alles täusche, läge da auch noch Hitler als Ölgemälde herum. Hitler in Öl, mit hochgeschlagenem Mantelkragen, finster nach Osten blickend.

Vielleicht könne man dem Tommy noch 'n paar Plaketten vom Winterhilfswerk unterjubeln, meinte der dicke Beckmann. Er könne sich entsinnen, dass da mal Leuchtplaketten mit Hakenkreuz herausgebracht worden seien, wie Orden, täuschend ähnlich. Man könne ja behaupten, das seien Orden für besondere Tapferkeit an der Heimatfront – im Volkssturm oder als Luftschutzwart oder so.

Da könne er nicht mithalten, sagte Helmut Steinke. Auf der Flucht hätten sie nur das allernötigste mitnehmen können, an so was hätten sie doch im Traum nicht gedacht. Und außerdem habe sein Vater Orden und so 'n Zeug nie besessen, soweit e r sich erinnere.

„Also gut, Leute, wir treffen uns morgen, sagen wir um vier Uhr nachmittags an der alten Ziegelei. Bis dahin kramt jeder mal 'rum, ob er was Brauchbares findet", sagte Graf Bobby.

„Falls ich bei uns im Keller fündig werde – wo soll ich denn den Schinken von Bild lassen?", fragte Ulli.

„Zuerst mal haben ...", sagte ich, „ich komm heute am Nachmittag zu dir, dann buddeln wir das Zeugs gemeinsam aus – Aktion Kohlenklau."

Meine Mutter hatte Eintopf gemacht. Grünkohl durcheinander. Sie habe die Speckschwarte noch mal ausgekocht, ich soll mal tüchtig zulangen. Zum Nachtisch gab's Apfelkompott. Von den Äpfeln hatten wir genügend. Opa Schmerkötter hatte uns erlaubt, in seinem Garten das Fallobst aufzulesen. Man könne ja nicht selbst alles einmachen.

Ich wartete, bis meine Mutter zum Einkaufen ging. Dann kramte ich den Besteckkasten mit den Orden aus der Schreibtischschublade meines Vaters. Da lag das Zeug nun nutzlos herum: das eiserne Kreuz erster Klasse, das schwarz-weiß-rote Ordensband vom EK II, das silberne Verwundetenabzeichen, die Nahkampfspange in Silber und das schwarz-rote Band für die Teilnahme am Russlandfeldzug (Gefrierfleischorden, sagte mein Vater) und im Innendeckel das Deutsche Kreuz in Gold (schon beinahe das Ritterkreuz).

Hakenkreuz abgebrochen und am Verwundetenabzeichen hatte man es abgefeilt. Das hätten sie damals in der Gefangenschaft machen müssen. Offiziere durften ihre Orden behalten, wenn sie das Hakenkreuz entfernten.

(Was die wohl ohne Hakenkreuz noch wert waren?)

Ich überlegte, welche von den Orden meinem Vater wohl am meisten bedeuteten. Das Deutsche Kreuz in Gold würde bei dem Tommy wohl am meisten bringen, aber darauf war mein Vater immer besonders stolz gewesen (Das Ritterkreuz war schon so gut wie unterwegs, aber da kam die Kapitulation – na ja, Schwamm drüber). Das EK II hatten viele gehabt, war also mehr Massenware. Für die Granatsplitter, die bei meinem Vater immer noch im Rücken herumwanderten und die ihm bei Witterungsänderungen manchmal noch Schmerzen verursachten, hatte er das Verwundetenabzeichen bekommen. Das konnte ich also schon gar nicht nehmen, denn wenn die Schmerzen einsetzten, würde mein Vater sich vielleicht wieder daran erinnern und es sich möglicherweise ansehen wollen.

Also steckte ich mir das EK II, das Sturmabzeichen, die Nahkampfspange und den Gefrierfleischorden ein.

Um vier klingelte ich bei Getberg.

„Ist Ulli da?"

„Geh mal durch, der motschkert schon wieder mit seinen Fischen herum – Uuuuulrich! – Dein Schulfreund ist da!"

Frau Getberg ließ mich durch den langen Korridor in den Wintergarten gehen.

„Tag, Charly!" Ulli war dabei, mit einem Kescher, den er sich aus Gardinenstoff und einem Stück Draht gebaut hatte, ein paar Fische aus einem Aquarium zu fischen, die er in ein kleineres Becken warf.

„Junge Guppys – Futter für meine Kampffische. – Kuck mal, wie die danach schnappen. Müssen Lebendfutter haben."

„Warum nimmst du denn keine Würmer, Tubifex oder so?"

„Guppys kriegen doch fast jede Woche Junge, die kannst du gar nicht alle unterbringen. – Geburtenregelung, natürliche Auslese nennt man das."

Ulli grinste in seiner unnachahmlichen Art. Seine Brillengläser funkelten in der Nachmittagssonne, die durch die Scheiben auf die Zimmerpalme und die Aquarien fiel.

„Barbarisch!", sagte ich. „Was ist nun mit Adolf in Öl?"

„Wenn ich hier fertig bin, gehen wir runter. Muss nur irgendwie meine alte Dame ablenken."

Aus dem Radio in der Küche schnulzte Rudi Schuricke den Schlager der Saison:

„Wenn bei Capri die rote Sonne im Meer versinkt …"

Frau Getberg spülte in der Küche Einmachgläser, die sie tropfnass auf ein sauberes Trockentuch stellte.

„… und am Himmel die bleiche Sichel des Mondes blinkt …"

Sie summte leise die Melodie mit und sang dann mit heller Glockenstimme:

„… zieh'n die Fischer mit ihren Booten aufs Meer hinaus –
und sie legen im weiten Bogen die Netze aaaauuuuuuus …"

„Kuck mal, die Kampffische laichen bald. Die fangen schon an mit dem Nestbau – aus Blasen, so 'ne Art Schaumnest."
Ich sagte, dass er voran machen solle, wir hätten noch viel vor.

„… Bella, Bella, Bella – Marie, vergiss mich niiiiiie!", hörten wir Frau Getberg in der Küche singen.

Ulli hatte in der Diele heimlich den Kellerschlüssel vom Schlüsselbrett aus Laubsägearbeiten (Zwerge und tanzende Elfen) genommen.
„Wir gehen mal 'n bisschen raus, Mama!"
„Wohin wollt ihr denn, Ul – rich?"
„Nur so raus!!", rief Ulli von der Korridortür her.
„Wollt ihr nicht 'n paar Pfläumchen essen? Kommt, holt euch nur welche, es sind genügend da."
Nachdem wir uns die Hosentaschen mit Pflaumen vollgestopft hatten, nahmen wir noch eine Handvoll mit als Wegzehrung. Vorsichtig schlichen wir die ausgewetzte Terrazzosteintreppe hinunter in den Keller.
In der zweiten und ersten Etage spuckten wir Pflaumenkerne aus dem Treppenhausfenster.

„Vorsicht ist die Mutter der Porzellankiste", flüsterte Ulli, als er den Schlüssel in der weiß lackierten Kellertür mit der aufgepinselten schwarzen Dreizehn im Schloss umdrehte. Er knipste das Licht an, schloss von innen die Tür wieder ab, ging an dem Regal mit dem Eingemachten vorbei auf einen Bretterverschlag zu und schob den rostigen Riegel zur Seite.
„Da hinten in der Ecke muss es sein, unter den Kohlen."
Unter einem Kohlenrest konnte man die Umrisse einer Kiste erkennen. Darüber ein alter Jutesack, dick mit Kohlenstaub bedeckt.

Wir gingen daran, die Kohlen mit den Händen wegzuräumen. Ulli zog den Jutesack zur Seite. Der Kohlenstaub rutschte uns in die Strümpfe und Schuhe. Der Keller war eine einzige Staubwolke.

„Mensch, wie auf Sohle acht von Zeche Erin."

Ich hustete und spuckte in die Kohlen.

Ulli wollte den Kistendeckel anheben.

Er war durch ein Vorhängeschloss verriegelt.

„So 'n Mist!"

„Macht nix, warte mal", sagte Ulli und suchte auf einer ausrangierten, gedrechselten Kommode, die man als Regal benutzte, nach Werkzeug.

„Pollaken sind zwar schmierig, aber nicht doof," sagte er und kam mit Meißel und Hammer zurück.

Während er an dem Schloss herumhämmerte, versuchte ich mit einem rostigen Spaten den Deckel aufzuhebeln. Nach einem kräftigen Schlag mit dem Hammer sprang der Deckel krachend auf.

„Da staunste, wa?"

Unter einer Wolldecke und einer alten Uniformjacke fanden wir tatsächlich ein dickes, rot eingebundenes Buch – „Adolf Hitler – MEIN KAMPF" stand darauf. Daneben lag ein leerer, vergoldeter Bilderrahmen.

„Da war wohl mal der Führer drin – Adolf in Öl?", fragte ich.

Ulli meinte, dass seine Mutter doch wohl die Nerven verloren hätte, als die Besatzungstruppen in allen Häusern nach Waffen und so 'nem Zeug gesucht hätten. Sein Vater sei in der Partei gewesen, nur Mitläufer. Jetzt glaube er auch zu wissen, warum seine Mutter damals so emsig den Ofen geheiztabe. Die Herdplatte sei ja glühend gewesen. Alles in den Kamin gejagt. Das sei 'ne Schande, wo man das heute so gut verhökern könne.

„Sei mal still, da kommt einer!", flüsterte ich ihm zu.

Im Kellergang hörte man schlurfende Schritte näherkommen.

„Schnell, mach das Licht aus!", zischte Ulli.

Ich drehte an dem Schalter, wir hockten uns in eine Ecke und hielten den Atem an.

„Ist da jemand?", hörten wir draußen eine brüchige Stimme fragen. Ulli musste sich wohl ungeschickt bewegt haben, denn aus seiner Ecke rollte eine leere Flasche klimpernd auf mich zu. „Wer ist denn da? – Sind Sie es, Frau Getberg?"

Jemand rappelte an der Türklinke. Man konnte seinen schweren Atem hören (Steinstaublunge, dachte ich). Der Mann vor der Tür brummelte etwas von Ratten, rumorte noch mal vor der Tür herum und schlurfte dann zum Ende des Kellerganges. Wir hörten ihn keuchend die knarrende Kellertreppe hinaufsteigen.

„Der olle Hölmer war das", sagte Ulli leise. „Muss seine verdammte Nase überall reinstecken. Los, lass uns die Klamotten da rausholen – und dann nix wie weg!"

Als er das Licht wieder anknipste, sahen wir uns an und merkten erst jetzt, dass wir aussahen wie die Schornsteinfeger (Ullis Brille hatte Verdunkelungsscheiben).

„Wie siehst du denn aus?"

„Kuck dich mal erst an!" Wir kicherten und rannten mit unserer Beute in die Waschküche, wo wir versuchten, den gröbsten Dreck von Gesicht und Händen abzuwaschen.

Am nächsten Tag trafen wir uns an der alten Ziegelei. Als ich zusammen mit Helmut ankam, waren Graf Bobby und der dicke Beckmann mit einem ausgeschlachteten Militärlastwagen beschäftigt. Während der dicke Beckmann im Führerhaus an dem Lenkrad herumkurbelte und Motorgeräusche nachahmte, suchte Graf Bobby unter der aufgeklappten Kühlerhaube offenbar nach brauchbaren Motorteilen.

„Kommt ihr auch schon?", fragte Beckmann vorwurfsvoll und unterbrach sein Autorennen.

„'n alter Mann ist schließlich kein D-Zug. Hab dafür aber jede Menge zu bieten", sagte ich.

Ulli ließ sich von einem Balkengerüst fallen, direkt vor unsere Füße: „Aaaaaah …! Na, ihr Schläflinge?"

„Musst du Schlummerrolle gerade sagen …"

„Zeigt mal her, was ihr so aufgetrieben habt!", sagte Graf Bobby.

Wir packten unsere Beute auf ein Holzbrett, das Helmut über eine Haufen Backsteine gelegt hatte. Ulli holte „MEIN KAMPF" aus seinem Blouson und legte noch zwei Schulterstücke dazu, die er im Keller von der Uniform abgetrennt hatte.

Der dicke Beckmann kramte mühsam eine Handvoll Uniformknöpfe und Winterhilfswerkplaketten aus seiner Hosentasche. „Was is 'n das für 'n Müll."

Graf Bobby legte ein HJ-Koppelschloss, einen Reichsadler aus Blech und ein Parteiabzeichen auf das Brett.

„Hab ich meinem Onkel geklaut."

„Und was hat die Lerge? – Wohl gänzlich verarmt, was?", meinte der dicke Beckmann mit einem Blick auf Helmut.

„Tut mir leid, aber ihr wisst ja – als wir weggemacht sind von Breslau, haben wir an so was doch nicht gedacht – und hier ..."

Mit gespielter Andacht reihte ich meine Orden neben den anderen Utensilien auf.

„Na, ist das was? Kannst von mir was abhaben, Helmut. Hier, den Gefrierfleischorden. – Kannst du verhökern, auf eigene Faust", sagte ich.

„Nicht schlecht, das. Gar nicht so schlecht", staunte Graf Bobby. „Wo hast du die denn organisiert?"

„Von meinem Vater – der weiß aber noch nichts."

„Au Backe, mein Zahn. Wenn der dahinterkommt", sagte der dicke Beckmann.

„Ich werd's überleben, und mein Vater auch", sagte ich leichtfertig und dachte schon an die Folgen.

Graf Bobby sagte, dass er mit John reden wolle, der solle mal mit MacLean spieken, wann wir mit dem Ramsch bei dem aufkreuzen könnten. Der sollte schon mal die Naturalien in der Hinterhand halten. Wir sollten mal sehen, das würde ein Bombengeschäft, ein durchschlagender Erfolg.

58

9. KAPITEL

„Hallo boys, come in! Sit down!", sagte MacLean, als wir in den großen Raum mit der Glasschiebetür traten. Er machte eine einladende Geste zu der ledernen Clubgarnitur, die in der Mitte des Zimmers stand.

Gegenüber dem großen Erkerfenster stand noch der geschnitzte Eichenschrank, in dem Gauleiter Börnemann seine Bücher aufbewahrt hatte (ein Meter Goethe, zwei Meter Schiller und natürlich Hitlers Werk: MEIN KAMPF). Von der hohen, stuckverzierten Decke hing der Kronleuchter aus Hirschgeweih. Der dicke Perserteppich in der Mitte und die darübergelegten Teppichbrücken dämpften unsere Schritte.

In einem der Clubsessel saß ein Offizier mit straff gescheiteltem Haar und schmalem Bärtchen auf der Oberlippe. Die Beine übereinandergeschlagen, mit den Fingern auf der Armlehne trommelnd, sah er uns abschätzend an.

„This is Capain Yellops", sagte MacLean. Der Offizier nickte leicht und lächelte kaum wahrnehmbar.

„Tag – How are you?", sagten wir und blieben eingeschüchtert an der Glastür stehen.

Corporal Helly, der uns begleitete, stellte uns vor und erklärte den beiden, dass wir „very good medals, decorations and ribbens of orders" hätten.

„Setzt Eusch hin. It is alles okay!", sagte Helly.

Ulli versank als Erster in einem großen Ledersessel. Der dicke Beckmann, Helmut und ich suchten uns einen Platz auf dem riesigen Sofa und Graf Bobby warf sich weltmännisch in den Sessel neben Captain Yellops.

Helly blieb dienstbeflissen hinter dem Sessel Captain MacLeans stehen, um möglicherweise Befehle entgegenzunehmen.

„Do you want a drink?", fragte MacLean.

„Klar – äh, ich meine please", platzte Graf Bobby heraus.

„Tea, coffee or Whisky with orange?", fragte MacLean grinsend.

„Orangensaft, aber pur", sagte ich. Ulli und Helmut schlossen sich an. Der dicke Beckmann meinte, ein Schuss Whisky wäre auch nicht zu verachten und Graf Bobby fand, eine Tasse echten englischen Tee bekäme man schließlich nicht alle Tage.

MacLean lachte schallend und schnippte mit dem Finger nach der Ordonanz.

Ein Soldat in weißer Jacke brachte Gläser und Tassen und füllte Orangensaft und Tee ein. Während MacLean bedächtig in seiner Tasse rührte, sagte er: „Please, show me your medals!"

Graf Bobby legte zuerst seine Utensilien und das Parteiabzeichen auf den schweren Marmortisch, dann packte ich meine Orden aus. Ich versuchte sie möglichst dekorativ anzuordnen. Schüchtern legte Helmut seinen „Gefrierfleischorden" dazu.

Die beiden Offiziere beugten sich interessiert über die Sammlung. Während der dicke Beckmann sein Sammelsurium von Knöpfen und Plaketten unterzubringen suchte, knallte Ulli den Hitlerschinken auf die Marmorplatte.

Mit dem Zeigefinger sortierten die beiden Offiziere die ihnen interessant erscheinenden Gegenstände aus (die guten ins Töpfchen, die schlechten ins Kröpfchen).

MacLean nahm das Sturmabzeichen vom Tisch und betrachtete es lange von allen Seiten. „What's that?"

„Sturm – ab – zeichen", erklärte ich.

„Oh yes, oh yes, very good."

Yellops fischte sich die Nahkampfspange und das schwarzweiß-rote EK II-Band heraus und fand alles „very good".

Dann hatte er plötzlich Graf Bobbys Parteiabzeichen zwischen Daumen und Zeigefinger, drehte es so, dass das Licht vom Fenster darauf fiel, und fragte: „What's that?"

„Sehr wertvoll", meinte Graf Bobby, „Par-tei-ab-zeichen, du verstehen?"

„He-iken-cross! – Heil Hit-ler?", fragte Yellops.

„Yes, Heil Hitler!", wiederholte Graf Bobby und streckte zur Verdeutlichung seinen rechten Arm zum „deutschen Gruß" aus.

„Ooooh, you are a Nazi?"

„Ich? Nazi? – No, no – ich nicht Nazi. Ich hab' das geklaut von Nazi. Komsi-komsa, verstehen?"

Graf Bobby wurde unruhig und trank von seinem Tee.

„You know, ist verbot-ten?"

„Ja klar, ist verboten. Ich will verkaufen, äh verscherbeln, for sale!", radebrechte Graf Bobby.

„But is verbo-ten!" Yellops machte ein ärgerliches Gesicht und zeigte immer wieder auf das Hakenkreuz.

MacLean versuchte die Wogen zu glätten. Unsere Englischkenntnisse reichten zwar nicht aus, um dem Gespräch der beiden zu folgen, doch entnahmen wir einigen Worten und Satzfragmenten sowie ihren Gesten, dass sie sich über den Wert oder Unwert der vor ihnen ausgebreiteten Sammlung unterhielten.

MacLean war anscheinend sehr stark an Ullis (besser Hitlers) MEIN KAMPF interessiert. Er blätterte einige Seiten durch, ließ sie über den Daumen gleiten und fragte immer wieder nach dem Inhalt. Zur Vereinfachung hatte Ulli schließlich erklärt, dass das „die Bibel of Hitler" sei.

„Ooooh yes. Oh yes", sagte MacLean und nickte verständnisvoll.

Inzwischen war die Ware unter den beiden aufgeteilt, nur der dicke Beckmann war auf seinen Knöpfen und Plaketten sitzengeblieben. Er versuchte noch einen verzweifelten Vorstoß.

„Dies hier is very good – Volkssturmabzeichen. Leuchtet im Dunkeln. There is a light in the dark – here look!"

Er schirmte die Plakette mit den hohlen Händen ab und hielt sie sich vors Auge, als ob er in ein Fernrohr sähe. Dann reichte er sie MacLean hin: „Hier, look!"

Der winkte ab und meinte, dass das nicht „very good" sei und dass es kein „medial" sei, sondern ein Knopf, ein „Button".

Die Verhandlungen über die zu liefernde Ware gestalteten sich zuerst sehr schwierig. Nachdem MacLean und Yellops jedes Mal behaupteten, alles sei „very expensive" und wir ihnen klarmachten, dass das die letzten Orden und Ehrenzeichen seien, die man in Deutschland noch aufgetrieben habe, traten wir mit einem Kilo Kaffee, achtzig Zigaretten, acht Tafeln Schokolade und zehn Dosen Corned Beef siegreich den Rückzug an.

„Was hab' ich euch gesagt: Nur zähe Verhandlungen bringen den gewünschten Erfolg", sagte Graf Bobby, als wir den Kiesweg von Bornemanns Villa hinuntergingen.

Hinter der großen Nussbaumhecke neben dem Landratsamt teilten wir unsere Beute auf. Auf einem Zettel hatten wir säuberlich notiert, was jeder von uns investiert hatte und was dafür gezahlt wurde.

Ich bekam ein Päckchen Bohnenkaffee, zwanzig Zigaretten, zwei Tafeln Schokolade und drei Dosen Corned Beef. Der Rest wurde unter Ulli, Helmut und Graf Bobby aufgeteilt. Der dicke Beckmann ging leer aus, er hatte seine Knopfsammlung nicht an den Mann bringen können.

Schließlich kamen wir aber doch überein, dass er auch nicht leben solle wie ein Hund. Er bekam eine Dose Corned Beef und fünf Aktive (Chesterfield), sozusagen als Trostpreis.

Ich machte den Vorschlag, eine Tafel Schokolade zu opfern und an Ort und Stelle auf den Erfolg zu verputzen. Der dicke Beckmann war der Erste, der den Vorschlag für mehr als akzeptabel hielt. Die anderen stimmten zu, nur Graf Bobby meinte, das hieße Perlen vor die Säue werfen.

Bares Geld leichtfertig verschleudern. Als schließlich eine Tafel geköpft und aufgeteilt wurde, griff auch er zu.

„Warum eigentlich nicht? Was nützt das schlechte Leben – wir haben's ja", meinte er.

Langsam und genüsslich ließen wir die Schokolade im Mund zergehen Wir knabberten nur winzige Stückchen ab, um den seltenen Geschmack möglichst lange zu genießen.

Der dicke Beckmann hatte seine Ration zuerst vertilgt und klopfte sich eine Zigarette zurecht.

(Auf den Wolken bunter Träume.)

„Auf dem Schwarzmarkt könnte man das Geschäft machen. Zwanzig Zigaretten bringen zweihundert Er-emchen, dafür kriegst du ein Pfund gute Butter oder 'n Stück fetten Speck", sagte Ulli und leckte sich den Rest Schokolade aus den Mundwinkeln.

„Scheinst ja bestens informiert zu sein", meinte Graf Bobby. „Hat mir Bulle Galewski mal erzählt, der muss es ja schließlich wissen."

„Ohne Bulle kommen wir da sowieso nicht zurecht, der kennt sich doch aus wie in seiner Hosentasche."

„Klar, Bulle müsste dabei sein."

Wir kamen überein, mit Bulle Galewskis Unterstützung einen Teil unserer Beute auf dem Schwarzmarkt umzusetzen.

„Wie ich Bulle kenne, macht der das aber nicht für lau", bemerkte ich.

„Jeder muss eben etwas rausrücken, das kriegt der dann als Profit", schlug Ulli vor.

Helmut wollte da nicht mitmachen, er sei zu unerfahren in solchen Sachen, und außerdem: das könne er seiner Mutter nicht antun, falls man ihn erwische. Gerade erst im Westen und schon krumme Sachen. – Womöglich schicke man ihn wieder zurück in die Ostzone und da wolle er absolut nicht mehr hin.

Der dicke Beckmann schied wegen fehlender Materie aus. Er käme eines Tages auch noch groß raus, meinte er. Dann würden wir lange Gesichter machen. Sein Onkel sei Hauer auf Zeche Dickebank, der bekäme Schwerstarbeiterzulage und Care-Pakete, da falle für ihn auch mal was ab. Wir sollten mal ruhig in die Kriminalität abrutschen, er habe jedenfalls eine saubere Weste.

Ich hatte mir vorgenommen, die Corned-Beef-Dosen meiner Mutter zur Aufbesserung des Speisezettels zukommen zu lassen. Einen Teil der Kaffeebohnen wollte ich ihr heimlich in den Küchenschrank hinter die Gebäckdose mit den Paradiesvögeln legen.

(Dieser Duft – wie in Friedenszeiten!)

Um meinen Vater langsam und schonend auf den Verlust seiner Orden vorzubereiten, wollte ich ihm zehn Aktive in seinen Schreibtisch schmuggeln, möglichst auf die Besteckschachtel mit den Orden. (Mir schwant da was …) Ich hoffte, dass er so den Verlust eher verschmerzen würde. – Ganz wohl war mir aber bei dem Gedanken an das, was da noch auf mich zukam, auch nicht.

10. KAPITEL

Das Komplott

Bulle Galewski war gleich dafür, als wir ihn fragten, ob er uns in die Praktiken des Schwarzmarktes einführen wolle.

„Und was springt dabei für mich 'raus?"

Er käme schon nicht zu kurz. S e i n Schaden solle es nicht sein.

„Was, Getberg, die trübe Tasse, will auch mit? Ne, der vermasselt uns doch wieder die Tour. Möchte ich jetzt schon behaupten, hab das im Urin."

Wir machten ihm klar, dass Ulli mit seinem Beuteanteil das Geschäft beleben würde, und außerdem fiele für ihn wohl auch 'ne Menge mehr dabei ab. D a s Risiko müssten wir eben auf uns nehmen.

„Meinetwegen, aber wenn was schiefgeht, ich hab' euch gewarnt."

Wie wir uns das eigentlich so vorstellten in unserem jugendlichen Leichtsinn. Das sei nichts für Schlappschwänze. Und außerdem … S o könnten wir da nicht aufkreuzen, in unseren kurzen Hosen. Würden uns übers Ohr hauen, wo sie könnten. Sähen uns auf drei Meilen an, dass wir Greenhorns wären.

Graf Bobby schlug vor, dass wir uns um fünf bei ihm zu Hause treffen sollten, um da alles in Ruhe durchzukauen. Er habe sturmfreie Bude. Seine Mutter sei dann bei Frau Doktor Schöler zum Kaffeeklatsch – und d a s dauere was, bis d i e alle durch den Kakao gezogen hätten. Wir könnten uns nebenbei auch auf die Lateinarbeit vorbereiten, Spickzettel und so. Das sei gleichzeitig ein Alibi, falls seine Mutter wider Erwarten doch früher zurückkäme.

Graf Bobby rief uns aus dem Küchenfenster in der zweiten Etage zu, dass die Haustür offen sei. „Zweite Treppe, rechts!"

Hinter der Wohnungstür im Parterre kläffte ein Hund.

„Ja, wo ist denn das liebe Hundchen?", säuselte Ulli, ging vor der Tür in die Knie und ahmte knurrend und bellend einen Terrier nach. Der Hund hinter der Tür tobte durch den Korridor, bellte wie besessen und schien im nächsten Augenblick die Korridortür einrennen zu wollen.

„Mensch, lass den Quatsch!", rief ich Ulli vom Treppenabsatz zu.

In der ersten Etage wurde eine Tür aufgerissen.

„Wieder dieser verdammte Köter, bald reicht's aber!", schrie eine zänkische Frauenstimme, dann flog die Tür krachend zu.

„Macht doch kein Theater, ihr Blödmänner. Die Schemmann regt sich jedes Mal auf, nur wenn einer mal laut hustet. – Kommt rein, ihr Knalltüten!"

„Wie immer – Getberg, das Kleinkind in Person. Mach ruhig so weiter!", sagte Bulle und gab Ulli einen Schubs, dass er in den Korridor stolperte.

Graf Bobby führte uns durch einen schlauchartigen Flur mit Pünktchentapete.

„Immer rein in die gute Stube – das hier ist meine Bude."

„Edelabsteige", stellte Bulle fest und ließ sich auf das Feldbett mit der blau-weißen Strickdecke und den gehäkelten Kissen fallen. An den Wänden Fotos von Clark Gable, Erol Flynn, Rita Hayworth und Hildegard Knef (erster deutscher Nachkriegsfilm: Die Mörder sind unter uns), aus Zeitschriften und aus Filmplakaten geschnitten. Den Pappkarton mit den rostigen Stabilbaukastenteilen hatte Bobby schnell mit dem Fuß unters Bett geschoben. (Sehr lehrreich – aber wer spielt denn in d e m Alter noch mit so was?)

Ulli hatte sich im Schneidersitz auf den Teppich gehockt und sah sich suchend im Zimmer um.

„Hast du Fische?"

Ich ermahnte sie, zur Sache zu kommen. Um sieben müsse ich zu Hause sein.

Am Donnerstag ließe sich was machen, meinte Bulle. Er kenne da einen Schieber, der sei scharf auf Zigaretten und Kaffee.

Bei dem könne man vielleicht landen. Der Donnerstag sei der richtige Tag, möglichst am späten Nachmittag. In Dortmund, im Bahnhofsviertel, fänden wir Schwarzhändler wie Sand am Meer. Nur so vorbeigehen und was murmeln: Kaffee? Zigaretten? Schokolade? Man müsse allerdings höllisch aufpassen, dass man nicht an den Falschen gerate. Da seien Spitzel von der Schmiere, die sich unters Volk mengten. E r habe 'nen Blick für so was – aber Greenhorns wie wir sollten die Sache mit Vorsicht genießen.

„Wir haben doch dich, großer Führer", sagte Graf Bobby, „dafür staubst du doch auch ab."

Vor allen Dingen müssten wir älter erscheinen als wir Milchgesichter aussähen. Ein alter Hut oder 'ne Schlägerkappe vielleicht. Bei i h m sei das nicht notwendig, e r sei ja schließlich schon fast sechszehn.

Ulli meinte, ich solle ihn auf die Schulter nehmen.

Man könne einen langen Mangel umhängen und als Zweimetermann gehen. Er sei der Kopf und ich der Arsch mit Beinen.

„An deiner Stelle würde ich mein Gesicht schamhaft verhüllen. Dein Ponum passt doch auf jeden Steckbrief", gab ich bissig zurück.

Bulle fragte, ob sich nicht zufällig bei irgendjemandem von uns 'ne Fluppe nutzlos in der Tasche herumlümmele. Graf Bobby sagte, das Qualmen sollten wir mal lieber lassen. Wenn seine Mutter zurückkomme, könne sie das womöglich riechen und dann könne er das ausbaden. Dann gäb's langen Hafer.

„Und wie kommen wir dahin, zu deinem Schwarzmarkt? Das sind doch mindestens fünfzig Kilometer bis nach Dortmund", fragte ich.

Mit dem Zug, das sei nicht das Gelbe vom Ei. Die Hamsterzüge seien ja überfüllt, wie die Ölsardinenbüchsen. Man bekäme kein Bein an die Erde.

Ulli erzählte, dass er vor Kurzem mit seiner Mutter ins Ruhrgebiet zu seiner Tante gefahren sei. Wie die Trauben haben die Leute an dem Zug gehangen. Auf den Trittbrettern, auf den Puffern und auf dem Dach. Mit Kisten, Kasten und Rucksäcken. Er sei mit seiner Mutter noch in ein Abteil gepresst worden. Vor sich und hinter sich Bäuche und Rücken. Dicke Frauen und schmuddelige Kerle, die nach Schweiß und Mottenkugeln gerochen haben. Eine Frau habe ständig gerufen, man solle sie mal durchlassen zur Toilette. Nicht einen Millimeter sei man zusammengerückt. Schließlich habe die wohl die Hose vollgehabt. Das habe bestialisch gestunken. Speiübel sei ihm gewesen, bis hinter Lünen. Der Zug habe dann irgendwo gehalten. Man habe erzählt, dass jemand von den Puffern gefallen sei, direkt unter die Räder. Eingeschlafen und zwischen die Schienen gefallen.

Die Leute, die in den leeren Kohlenwaggons mitgefahren seien, haben ausgesehen wie die Erdferkel. Gelacht hätten sie aber dann trotzdem.

Und dann im Bahnhofsbunker, da hätten sie übernachten müssen. Kein Anschlusszug mehr bis zum Morgen. Kaum Beleuchtung. Die Hand vor Augen sei kaum zu sehen gewesen. Männlein und Weiblein durcheinander auf den Schlafsäcken, wildfremd. Seine Mutter habe sich da Läuse eingefangen – bis sie d i e mal wieder weggehabt habe – mein lieber Scholli. Ne, mit 'nem Hamsterzug führe e r nicht noch mal. Einmal und nie wieder.

„Hamsterzug? Kommt sowieso nicht in die Tüte", sagte Bulle, „an den Bahnhöfen steht die Polente und filzt die Hamsterfahrer. Schwarzhändler wären doch 'n gefundenes Fressen."

Er kenne einen Spediteur, der fahre fast täglich nach Dortmund und abends auch wieder zurück. Mit dem könne er mal reden, dass der uns auf dem Lastwagen mitnähme.

Im Korridor klapperten Schlüssel und die Wohnungstür wurde zugeschlagen.

„Meine alte Dame", sagte Graf Bobby hastig, „los, wir üben für die Lateinarbeit!"

„Also los: a-Konjugation: Laudavi, laudavisti, laudavit, laudamus …"

„Laudavimus", korrigierte Ulli.

„Walter? Bist du da?", rief eine junge Frauenstimme.

„Errare humanum est", sagt Graf Bobby, „Meine Schwester. – Ja, oder wen hast d u erwartet, etwa Clark Gable?"

„Kamel! – Ist Mutti nicht da?"

„Nöö!"

Hochhackige Absätze klapperten zielstrebig auf Bobbys Zimmertür zu. Energisch wurde die Klinke heruntergedrückt und Helga, Graf Bobbys Schwester, sah sich vier hämisch grinsenden Jungen gegenüber.

„Ach – äh, du hast Besuch? Na, was heckt ihr denn wieder aus?"

„Zieh Leine! Das hier ist nichts für Weiber. Wir haben zu tun!"

Bulle hatte bewundernd durch die Zähne gepfiffen und „nicht übel" gesagt.

Mit wütendem Blick auf Bulle und ihren Bruder sagte sie „Blödmann" und warf die Tür hinter sich zu.

11. KAPITEL

Schwarzmarkt

Graf Bobby hatte sich die Schlägermütze tief ins Gesicht gezogen und den weißen Schal malerisch um den Hals geschlungen. Die Enden ließ er über den Rücken baumeln. (Willst du zum Opernball?)

Ulli trug eine pepitagemusterte Knickerbockerhose (Sechswochenlokus, sagte Bulle), die er fast bis unter die Achseln hochgezogen hatte. Breite Hosenträger sollten verhindern, dass sie ihm auf die Schuhe rutschte. Die habe sein Vater immer getragen, als sie in der Sommerfrische in Bad Harzburg gewesen seien. Grüne Wollstrümpfe und klobige Wanderschuhe rundeten das Bild des Wandervogels ab.

Der graue Kleppermantel meines Vaters, der schon lange unbenutzt im Abstellkämmerchen gehangen hatte (höchstens noch im Garten), reichte mir bis zu den Knöcheln. Er verdeckte dadurch allerdings auch meine nackten Knie, für die ich kein passendes Kleidungsstück gefunden hatte. Um meine Hände notfalls auch benutzen zu können, hatte ich die Ärmel umgeschlagen. Damit mir der breitrandige Schlapphut nicht über die Augen rutschte, hatte ich das Schweißleder mit Zeitungspapier ausgelegt. (Die Ohren hast du wohl zum Sehen, was?)

„Siehst aus wie 'n echter Schieber", meinte Bulle.
Er selbst hatte auf jegliche Maskierung verzichtet, weil er meinte, dass das in s e i n e m Alter nicht mehr erforderlich sei.

Auf der Landstraße, die an der alten Ziegelei vorbeiführte, hatte uns der Lastwagen aufgenommen.

„Na, denn jumpt mal da rauf, aber macht euch klein und hässlich", sagte der Fahrer mit der Ledermütze und dem blauen Lumberjack. Er schnäuzte seine Nase zwischen Daumen und Zeigefinger aus und sagte, dass er vorher aber noch 'ne Schüppe auflegen müsse. Dann zog er einen Sack mit kleingehacktem Holz von der Ladefläche und schüttete ihn in dem kanonenofenähnlichen Holzgasgenerator aus. „Hoch lebe der deutsche Wald! Benzinbezugscheine sind ja so gut wie nicht zu kriegen", rief er uns von unten zu und kletterte in sein Führerhaus. Bulle hatte sich auf dem Beifahrersitz breitgemacht, er kenne den Weg. Knatternd und ruckelnd holperte der Lastwagen über die Landstraße mit den Apfelbäumen am Straßenrand. Auf den Holzsäcken, die in einer Ecke auf der Ladefläche lagen, hatten wir es uns so bequem gemacht, wie es den Umständen entsprechend möglich war. An den klappernden Holzplanken hielten wir uns fest.

„Ob mein Hintern das fünfzig Kilometer lang aushält? Mann, oh Mann", sagte Ulli und grinste mich fröhlich an.

„Du weißt doch: Der deutsche Junge ist hart wie Kruppstahl ..."

Der Kohlenstaub tanzte in kleinen Wirbeln über die Ladefläche, kroch uns in den Kragen und flog uns in die Augen.

„Hoch auf dem gelben Wa-ha-gen sitz ich beim Schwager vorn ..."

Wir begannen damit, den Text unserer Situation anzupassen.

„Hoch auf dem Kohlen-wa-ha-gen sitzen drei Schieber drauf ..."

Die besten Ideen kamen von Ulli.

„... mit viel Kohldampf im Ma-ha-gen gehen sie zum Schwarzmarkteinkauf ..."

Wir lachten und versuchten das Motorengeräusch durch entsprechende Lautstärke zu übertönen.

Bulle klopfte von innen gegen das kleine rechteckige Rückfenster. Er schien uns offenbar irgendetwas mitteilen zu wollen, doch wir grölten unseren neuen Text weiter. Ulli drückte seine Nase gegen die Scheibe und schnitt eine Grimasse.

Als mir das Sitzen auf den harten Holzsäcken schließlich zu unbequem wurde, stellte ich mich hinter das Führerhaus und ließ mir den Fahrtwind ins Gesicht blasen. Das Taschentuch, mit dem ich versucht hatte, mir den Kohlenstaub aus den Augen zu reiben, ließ ich wie eine Fahne knatternd im Wind wehen.
Ulli und Graf Bobby stellten sich neben mich

„Wenn die bunten Fahnen wehen …"

Ulli hielt sein Taschentuch mit beiden Händen über dem Kopf. Bulle klopfte innen wie wild gegen die Scheibe. Er gab uns durch Zeichen zu verstehen, dass wir uns setzen sollten. An einer Querstraße musste der Lastwagen anhalten. Bulle steckte seinen Kopf seitlich aus dem Führerhaus:
„Ihr Idioten, bleibt gefälligst auf euerm verdammten Hintern sitzen, sonst könnt ihr zu Fuß gehen!"

Auf der holprigen Dorfstraße mit Katzenkopfpflaster fuhren wir an geduckten Fachwerkhäusern vorbei. Am Straßenrand Hamsterer mit Fahrrädern oder zu Fuß mit Handkarren. Frauen mit großen Tragetaschen und Kopftüchern, über der Stirn zum Knoten gebunden.

Am Ortsausgang bremste der Fahrer plötzlich sein Fahrzeug ab. Fast wären wir von unseren Holzsäcken gefallen.
„Nehmen Sie uns mit?"
Der zierlichen Frau am Straßenrand mit Kopftuch und Rucksack auf dem Rücken sah man die Erschöpfung nach langem Fußmarsch an. Das Mädchen neben ihr setzte den halbgefüllten Sack mit Kartoffeln neben sich ab.
„Na, Junge, dann geh du mal nach hinten. Lass mal die junge Frau hier vorne sitzen!", sagte der Fahrer.
Bulle stieg widerwillig aus dem Führerhaus. Ohne ein Wort warf er den Kartoffelsack mit Schwung auf den Lastwagen und

half dem Mädchen auf die Ladefläche. Dann zog er sich an der Heckklappe hoch und ließ sich über die Planke rollen.

„Immer Kavalier", sagte er, „alte Schule."

„Kann losgehen!", rief Graf Bobby dem Fahrer zu. Der Lastwagen machte ein paar ruckende Bewegungen und setzte sich langsam in Bewegung.

Das Mädchen kauerte sich hinter dem Führerhaus in eine Ecke und legte die Arme um die angezogenen Knie.

Bulle musterte es von der Seite. Nach einiger Zeit fragte er, ob das da vorn ihre Mutter sei und wo sie hinwollten.

„Wir sind auf Hamsterfahrt. Wollen wieder nach Hause, bis Bochum müssen wir noch. – Viel haben wir ja nicht zusammenbekommen. Na ja, für ein paar Tage reicht's aber wieder."

Ihre Mutter habe Bettbezüge und Handtücher eingetauscht bei den Bauern. Echte Damastbezüge aus ihrer Aussteuer, Vorkriegsware.

Bei einem Bauern seien sie vom Hof gejagt worden. Den Hund habe der auf sie gehetzt. Er brauche nichts und er habe auch nichts. „Verdammtes Hamsterpack", habe er gerufen und sie sollten sich zum Teufel scheren. Schließlich habe man bei einer Bäuerin einen halben Zentner Kartoffeln und zwei Mettwürste für die Bettwäsche erstanden. Zuerst habe sie nach Schmuck gefragt, aber den Trauring habe ihre Mutter vor Wochen schon gegen zwei Pfund Speck eingetauscht.

Ich erklärte ihr, dass wir versuchen wollten, auf dem Schwarzmarkt einige Raritäten zu verhökern, möglichst gegen Naturalien, Butter und Speck und so. Vielleicht könne man die auch in bare Münze umsetzen. Aber was sollten wir wohl mit Geld anfangen? Da wäre uns was zum Beißen schon lieber.

„Bulle, kennst du schon unser neues Kampflied?", frage Ulli.

„Hoch auf dem Kohlen-wa-ha-gen sitzen vier Schieber drauf..."

„Halt's Maul, du Pflaume! Ich würde mir an deiner Stelle noch 'n Schild vor 'n Bauch hängen: ICH BIN EIN SCHWARZMARKTSCHIEBER".

Das Mädchen lächelte Ulli an: „Ach, das macht doch jeder. Irgendwie mogeln sich alle so durch. Die paar Kalorien auf Lebensmittelkarte reichen ja nicht zum Leben und nicht zum Sterben."

Ulli blinzelte mit seinen Brillengläsern und grinste Bulle triumphierend an: „Siehste?"

Nach fast zwei Stunden Fahrt hatten wir Dortmund erreicht. Links und rechts der Straße von Bomben zerstörte Häuser. Ruinen mit leeren Fensterhöhlen und an den Fassaden abgeschlagene Stuckfiguren. Vereinzelt hatten sich zwischen den Trümmern kleine Geschäfte oder Kinos eingenistet.

Über dem Eingang ein buntes Kinoplakat:

„*Und über uns der Himmel*"

Trümmerfrauen mit Kopftuch und Kittel klopften Backsteine sauber und stapelten sie zu kleinen Türmen. Eine Steinfräse zerkleinerte Schuttreste und ließ sie über ein Förderband auf einen Lastwagen fallen.

Eine Militärkolonne fuhr an uns vorbei. Voran ein Jeep, dann Lastwagen mit englischen Soldaten darauf. Einige winkten uns zu.

Unter der Bahnunterführung mit den schmutzig weißen Fliesen an den Wänden hielt der Fahrer an.

„Endstation! Alles aussteigen!", rief er aus dem Führerhaus.

Wir kletterten über die Planken, klopften uns den Staub aus den Kleidern und verabredeten uns für sieben Uhr an der gleichen Stelle.

„Hoffentlich kriegen wir den Anschlusszug nach Bochum", sagte die Frau. Sie warf sich den Rucksack auf den schmalen Rücken. „Komm, Ursula!"

Das Mädchen stapfte in seinen hohen Schnürschuhen und dem Kartoffelsack auf dem Rücken hinter seiner Mutter her.

„Alles Gute – und viel Glück noch!", rief es uns zu, dann verschwanden beide hinter der Wellblechhütte, die windschief am Bahndamm lehnte.

Ich stülpte mir meinen alten Schlapphut auf und schob die Hände tief in die Taschen meines Kleppermantels.

„Wo ist denn nun der Markt, der schwarze?"

Bulle machte eine Kopfbewegung zum Bahnhof hin.

„Mir nach, ihr Greenhorns!"

Wir trotteten an der Backsteinmauer mit den Bombensplittereinschlägen vorbei, dann über den gepflasterten Vorplatz vor der zugigen Bahnhofshalle.

Bulle sagte, wir sollten bloß zusammenbleiben. Erst mal die Lage peilen. Er werde uns schon die richtigen Typen zeigen, an die sollten wir uns ranmachen. Ganz unauffällig. Nur so murmeln und weitergehen: Kaffee, Zigaretten, Schokolade. Nicht übers Ohr hauen lassen sollten wir uns.

Wenn einer nichts kommen lasse, so tun, als ob man nicht interessiert sei. Der käme dann schon von selbst mit 'nem Angebot. Nur kurz zeigen, die Ware, dann schnell wieder unterm Mantel verschwinden lassen.

Die Leute mit den schmalen, hungrigen Gesichtern schleppten sich mit großen Koffern und Taschen ab. Neben dem Eingang zur Bahnhofshalle stand ein Mann mit zerknitterter, feldgrauer Skimütze und langem Militärmantel. Bartstoppeln überwucherten das Gesicht und die schlaffe Haut am Hals. Neben sich ein Brotbeutel und ein Pappkarton, mit Bindfaden verschnürt. Vielleicht ein entlassener Kriegsgefangener, Spätheimkehrer.

Sein Haus dem Erdboden gleichgemacht. Frau und Kinder umgekommen oder verschollen. Traurig in den Trümmern seines Hauses stochernd: So hatte ich das mal im Film gesehen – „Burenkrieg" oder „Ohm Krüger" oder so ähnlich hieß der.

„Da drüben hinter dem Nordausgang, da müssen wir hin", sagte Bulle. Er ging immer einige Schritte voraus. Ab und zu sah er sich nach uns um, ob auch alle da waren.

Vor einem Bäckerladen an der Ecke standen Leute nach Brot an. Mindestens dreißig Meter lang die Schlange. Die letzten würden nichts mehr abbekommen. Vertane Liebesmüh.

An der nächsten Querstraße standen eine Menge Leute anscheinend gelangweilt herum, gingen weiter, sprach hier und da irgendjemanden an.

Ein Mann in halblanger Jacke schob einem anderen etwas zu, ging einige Schritte weiter und ließ ein Bündel Geldscheine in seiner Tasche verschwinden.

An einer Toreinfahrt, die in einen Hinterhof führte, redete eine junge Frau auf einen Mann mit Schlägermütze ein:

„Ich hab drei kleine Kinder, die haben doch Hunger. Geben Sie mir die Butter. Mehr kann ich Ihnen doch nicht geben – bitte!"

Der Mann sagte nur, dass er auch leben müsse. Er habe nichts zu verschenken. Dann drehte er sich um und ging auf einen anderen Mann zu: „Butter? Gute Bauernbutter? Ein Pfund, zweihundert Reichsmark oder zwanzig Zigaretten."

„Na, denn mal los, ihr Säcke!", sagte Bulle. „Versucht euer Glück. Habt ja gesehen, wie man das macht. Aber denkt dran: Macht Eure Glupscher auf! Ihr wisst ja: Vorsicht ist die Mutter der Porzellankiste."

Bulle und Graf Bobby gingen hinüber zu der langen Mauer mit dem großen Eisentor. „Städtischer Schlachthof Dortmund" stand darüber.

Ulli meinte, dass wir unsere paar Brocken vielleicht zusammenwerfen sollten. Je größer unser Angebot sei, desto mehr könnten wir herausschinden. E r sei scharf auf Butter. Butter, das sei was Reelles. Er wisse gar nicht mehr, wie richtige Bauernbutter schmeckt.

„Dann lass uns mal den fetten Kerl da aufs Korn nehmen, den mit dem Butterpaket!", schlug ich vor.

Ich zog mir den Schlapphut tiefer ins Gesicht und ging mutig auf den Mann zu (Hans Albers in dem Film „Sergeant Berry").

Ulli trabte in seiner Knickerbockerhose hinter mir her. „Zigaretten, echte Chesterfield. Prima Ware", sagte ich leise, als wir an dem Mann vorbeigingen.

Der Mann drehte sich zu uns um: „Wie viel?"

„Kommt drauf an, was die Butter kostet."

„Zweihundert Reichsmark oder zwanzig Aktive."

„Fünfzehn Aktive und 'ne Tafel Schokolade, mehr ist nicht drin."

„Fuffzehn? – Na gut, gib her!", sagte der Mann.

Bulle hatte uns eingeschärft: Gebt bloß nichts aus der Hand, bevor ihr die Ware greifbar habt.

„Zuerst die Butter. – Probieren muss ich die schon."

„Von wegen probieren – nee!"

„Und wenn das Talg oder Margarine oder so 'n Mist ist? Ich kauf doch keine Katze im Sack."

„Ganz schön auf Draht, was? Merkt man gleich, dass ihr keine Anfänger seid", meinte der Mann lächelnd und reichte mir den in Fettpapier gewickelten Klumpen hin.

Mit dem Fingernagel fuhr ich innen an dem Papier entlang, leckte und gab mir Mühe, ein möglichst fachkundiges Gesicht zu machen.

„In Ordnung. Hier, fünfzehn Aktive und 'ne Tafel Schokolade."

Der Mann ließ die Zigaretten unter seiner Schlägermütze verschwinden. Die Schokolade steckte er in die Jackentasche und tippte mit dem Finger an die Mütze: „Wenn ihr mal wieder was habt: Ich bin dienstags und donnerstags hier – tschüss denn!"

„Mensch, das Geschäft floriert ja", meinte Ulli. „Ist das nun meine Butter, oder was?"

Wir kamen überein, dass wir die Butter und das, was wir noch ergatterten, teilen wollten, dann hatte man wenigstens von jedem etwas.

Ulli steckte den Klumpen Butter in seine Hosentasche, die sei schön groß. Sein Vater habe damals in Bad Harzburg immer die Stullen darin transportiert. Marschverpflegung. Nach fünf Kilometern Fußmarsch haben sie Rast gemacht in einer Waldgaststätte, 'ne Art Försterhaus mit Geweih am Giebel. Da habe es heiße Milch und Bauernstullen gegeben.

Einen Mann im Lodenmantel fragten wir, ob er Zigaretten und Schokolade gebrauchen könne. Der hatte knallrote Backen und wulstige Lippen. So hatte ich mir immer einen Münsterländer Bauern vorgestellt.

„Wat solln die dann kosten?", fragte er.

„Wir nehmen nur Naturalien, Fett und so."

„Ick hev hier 'n Pfund S-peck. Wat givt gi doför?"

„Was wollen Sie denn haben?"

„Fiventwintig Zigaretten."

„Wir haben aber nur noch zwanzig – 'ne Tafel Schokolade dazu?"

Der Mann sah sich scheu um, zog ein in fettiges Zeitungspapier gewickeltes Päckchen aus der Tasche und hielt es uns hinter seinem vorgehaltenen Lodenmantel hin.

„Is chut, hier hesse 't!"

Unsere letzten Zigaretten wechselten den Besitzer und der Mann verschwand eilig in Richtung Schlachthof. Immer noch sah er sich nach allen Seiten ängstlich um.

An der Querstraße, neben dem hölzernen Zeitungskiosk, trafen wir Bulle und Graf Bobby (Dortmunder Tageblatt, Westdeutsche Allgemeine Zeitung, Magazine: Die nackten Mädchen darauf mit Banderole überdeckt – nur unter der Hand zu haben).

„Na, schon was abgestaubt?"

„Hier, was für die Rippen: Butter und Speck", sagte Ulli und zog seinen Butterklumpen aus der Hosentasche.

„Pass auf, dass die nicht n' Fluchtversuch macht, die Butter!"

„Und ihr …?"

Graf Bobby zeigte stolz ein Paar Lederstiefel vor.

„Echt Rindleder – Friedensware. Kuck mal hier, die Sohle: Doppelnaht. – Ist was für's Leben."

„Falls deine Quadratlatschen nicht mehr wachsen …"

Wir setzten uns auf ausgewetzte Treppenstufen. Sie führten zu einer Flügeltür, die windschief in den Angeln hing.

WEHRBEZIRKSKOMMANDO stand da noch auf dem lädierten Emailschild an einem Mauerrest. – Wie viele da wohl ein- und ausgegangen sein mochten? Formulare vorzeigen, Gestellungsbefehle – KV. Melden Sie sich dann und dann in der und der Kaserne. Nach zwei Monaten Ausbildung: ab an die Ostfront!

„Wie spät?", fragte Graf Bobby.

„Gleich halb sechs – wenn's nicht später wird und falls der Bahnhofschronometer richtig geht."

Ulli meinte, wir sollten nun die restlichen Brocken an den Mann bringen, er habe noch 'ne Hand voll Kaffeebohnen. Er wolle sehen, dass er dafür noch was Reelles zum Beißen bekäme.

„Bei mir ist Ebbe, aber wenn du meinst … Versuch's doch mal", sagte Bulle. Er jedenfalls müsse erst mal aus der Hose. Damit verschwand er hinter uns in der Ruine.

„WEHRBEZIRKSKOMMANDO – Wo der sich hinsetzt, da hat vielleicht im Krieg mal der Oberstabsarzt oder so 'n Bonze gesessen. – Und jetzt drückt sich Bulle da gepflegt aus!"

Ulli ging auf einige Männer zu, die sich Zigarettenpäckchen und Konserven zusteckten. Einer in Reitstiefeln klappte eine ausgefranste Aktentasche auf und ließ einen anderen hineingucken. Der schüttelte den Kopf, deutete mit drei gespreizten Fingern seine Vorstellungen von dem Kaufpreis an und ging weiter.

Ulli hielt dem Reitstiefelmann seine Tüte mit Kaffeebohnen unter die Nase. Der schlug wieder seine Aktentasche auf, holte eine Konservendose heraus und deutete auf das Etikett. Ulli schüttelte unwillig den Kopf und zeigte auf seine Tüte. Offenbar konnten sich beide nicht einig werden.

Bulle war inzwischen wieder aus der Ruine hervorgekrochen. „Wo ist denn Ulli, die Pflaume?"

„Da drüben. Versucht gerade seine Böhnchen zu verhökern."

Plötzlich bogen zwei Lastwagen mit quietschenden Reifen in die Straße ein. Die Leute in der Straße gerieten in Bewegung, hetzten los. Polizisten in blauen Uniformen und mit Tschakos sprangen von den Ladeflächen, verteilten sich, rannten über den Platz hinter dem Bahnhofsgebäude und griffen sich Leute, die wegzulaufen versuchten.

„Mensch, Polente! Razzia! Nix wie weg!", rief Bulle uns zu und verschwand in dem Trümmergrundstück, aus dem er gerade hervorgeklettert war.

„Ulli! Ulli! Hierher!", rief ich, so laut ich konnte, doch der schien nichts zu merken.

Wir rannten Bulle nach. Bevor ich hinter dem Mauerrest in ein mit Unkraut überwuchertes Erdloch sprang, rief ich noch einmal: „Uuuulliiiii!" Ich sah, wie einer der Polizisten ihn am Arm festhielt. Ein anderer griff sich den Mann, mit dem Ulli gerade verhandelt hatte.

Bulle und Graf Bobby waren schon auf der anderen Seite der Grube an der Böschung hochgehetzt.

„Wartet doch, ihr Blödmänner! – Ulli haben sie gepackt!", rief ich ihnen nach.

„Komm schon! Weg hier!", rief Bulle und machte mit dem Arm eine Bewegung in Richtung Bahnhof. Auf einem abgeräumten, plattgewalzten Trümmergrundstück, über das man Schienen für kleine Loren verlegt hatte, holte ich die beiden ein.

„Mensch, Ulli haben sie geschnappt", keuchte ich völlig außer Atem.

„Hab ich euch nicht gesagt, dass wir mit dem Sack Schwierigkeiten kriegen? – Jetzt soll er sehen, wie er klarkommt."

„Irgendwie müssen wir den aber rausboxen", sagte ich.

„Irgendwie, irgendwie – wie denn? Kannst du mir das mal sagen?", fauchte Bulle mich an.

Graf Bobby machte den Vorschlag, zur Polizeiwache zu gehen und zu sagen, dass wir auf der Durchreise seien und jetzt hätten wir unseren Freund verloren. Der kenne sich nicht aus hier. Ob sie den wohl gesehen hätten. Dabei dann treuherzig aus der Wäsche gucken.

„Quatsch mit Soße", sagte Bulle, „dann wissen die doch sofort, dass wir auch hier Schwarzmarktgeschäfte gemacht haben."

Wortlos stolperten wir über das Trümmerfeld. Graf Bobby balancierte auf den Schienen.

„Lasst uns die Klamotten hier verstecken. Dann gehen wir ganz offiziell über die Straße da und dann sehen wir ja, was mit Ulli passiert. Uns kann man doch nichts anhaben. Das Zeug hier holen wir später wieder ab", schlug ich vor. Bulle stimmte dem Vorschlag zwar nur widerwillig zu, aber eine bessere Lösung wusste er auch nicht.

Neben einer Lore, die von den Gleisen gesprungen war und die Räder nach oben streckte, legten wir aus Backsteinen ein Lager an, packten alle unsere Kostbarkeiten hinein und tarnten sie so mit Gras und Erde, dass sie für einen Uneingeweihten nicht zu erkennen waren.

„Merkt euch bloß die Stelle gut", sagte Bulle.

Bobby schlug vor, in der Nähe ein paar Steine aufzutürmen und einen Zweig so zwischen die Steine zu klemmen, dass der in die Richtung auf das Versteck zeigt. Das habe er mal in der HJ, bei den Pimpfen, gelernt.

Zur Sicherheit malten wir mit einem Stückchen Ziegelstein noch einen Pfeil auf einen Mauerrest.

Eilig liefen wir zu der Straßenkreuzung und von da in Richtung Schlachthof zurück. Hinter einer Hausecke blieben wir stehen.

Polizisten krempelten einigen Leuten die Taschen um. Hier und da beförderten sie Zigaretten, Schnapsflaschen, Geldscheine und kleine Päckchen hervor, in denen wohl Kaffee oder Fett verpackt war.

Ein paar Männer wurden auf Lastwagen verfrachtet. (Los, los, keine Müdigkeit vorschützen!)

„Wo ist Ulli denn? Seht ihr den?"

„Ne, du?"

„Kommt! Einfach mal so da vorbeigehen, ganz unauffällig", sagte Bulle.

Wir steckten die Hände in die Taschen und versuchten möglichst desinteressierte Gesichter zu machen.

Ein paar Polizisten kletterten zu den Festgenommenen auf die Ladefläche und zogen die Heckklappen hoch, dann fuhr der Opel Blitz mit seiner Fracht die breite Straße hinunter und verschwand hinter dem romanischen Turm einer zerstörten Kirche, am Ende der Straße.

Zwei Polizisten hatten einen Mann an den Armen erfasst, den sie im Polizeigriff auf das Fahrzeug zu bugsieren versuchten. Der Mann schlug um sich und stemmte sich mit den Beinen gegen den Boden.

„Loslassen! So-fort los-las-sen!", schrie der Mann, und: „Ich war Berufsoffizier!"

Ein stämmiger Polizist, der auf dem Lastwagen stand, zog ihn am Kragen hoch. Mit einem Schubs rollte er auf die Ladefläche. „Die Knochen hat man hingehalten in Russland – das hier ist wohl der Dank des Vaterlandes? – Ich bin doch kein Schwerverbrecher ...!"

Zwei Polizisten mussten ihn festhalten, dass er nicht von dem Fahrzeug stürzte.

Ein Mann im Ledermantel kam auf uns zu.

„Haut ab, Jungs, das hier ist nichts für euch! Macht, dass ihr nach Hause kommt! Mutter will die Kinder zählen."

Von Ulli keine Spur. Ob der sich vielleicht noch rechtzeitig dünn gemacht hatte? Oder war er schon mit dem ersten Transport weg? – Mist, verdammter.

Inzwischen war auch der zweite Lastwagen mit dem immer noch schreienden Mann, der behauptete, Offizier gewesen zu sein, abgefahren.

Die Straße und der Platz hinter dem Bahnhof waren fast leergefegt. Zwei junge Frauen mit spitzen Hütchen und Schleier mit Punkten drin vor dem Gesicht stöckelten über den Bürgersteig. Eine alte Frau mit Schürze zog einen polternden Leiterwagen hinter sich her. Aus der Seitenstraße bog ein dreirädriger Tempo-Lieferwagen mit jaulendem Motor ein. Hinten drauf Gemüsekisten.

„Gleich sechs", sagte ich, „in 'ner halben Stunde steht unser Holzgasgenerator an der Unterführung. Großer Mist, das mit Ulli. ‚Aber was tun', sprach Zeus, ‚die Götter sind besoffen.'"

„Abwarten und Tee trinken."

„Den müssen wir wohl auf die Verlustliste schreiben. Soll doch sehen, wie er nach Hause kommt. Hat selbst schuld, die Pflaume", sagte Graf Bobby und warf die Enden seines weißen Schals über die Schulter.

„Hauptsache, dein Arsch ist warm, was?", antwortete ich ärgerlich. Ich trat gegen eine Blechbüchse, die scheppernd über die Straße hüpfte.

Wir holten unsere Utensilien aus dem Versteck, verstauten sie in unseren Taschen und schlenderten missmutig in Richtung Bahnhof.

An der langen Backsteinmauer neben dem Haupteingang redeten einige englische Soldaten auf zwei junge Mädchen ein:

„Froi – lein, cigarets – chokolate? How much?"

Ein Einbeiniger stakste mit seinen Krücken vorbei. Vor der großen Glastür zum Haupteingang legte er seinen Stumpf auf den Krückengriff, zog die abgestoßene Aktentasche, die er an einem Riemen quer über die Schulter gehängt hatte, nach vorn und kramte eine Flasche hervor. Vielleicht Kartoffelschnaps. Er nahm einen kräftigen Schluck. Sein Adamsapfel sprang an dem dürren Hals einmal nach oben, dann verkorkte der Mann die Flasche und hüpfte mit seinen Krücken in die Bahnhofshalle.

Der große Zeiger an der Bahnhofsuhr sprang auf Viertel vor sieben.

„Kommt, lasst uns machen, dass wir zum Treffpunkt kommen", sagte ich, in der Hoffnung, dort vielleicht Ulli anzutreffen.

Der Holzgasgenerator stand schon blubbernd unter der Unterführung.

„Wo habt ihr denn euern Kumpel, den mit der Brille, gelassen?", rief uns der Fahrer schon von Weitem zu und stocherte mit einer Eisenstange in dem Generator.

Wir erklären ihm, was passiert war, und dass er noch ein paar Minuten warten solle. Vielleicht käme Ulli doch noch.

„Geht nicht. – Wer nicht kommt zur rechten Zeit …"

Ich schlug Graf Bobby vor, dem Fahrer von seinen Zigaretten, die er nicht mehr abgesetzt hatte, ein paar zuzustecken. Etwas schmieren, den Mann. Der werde bestimmt nicht nein sagen. Die Fluppen bekäme er schon irgendwann wieder von Ulli oder von mir. Er solle sich bloß nicht so haben.

„Wer's glaubt, wird selig. – Auf deine Verantwortung. Hat das eigentlich nicht verdient, dass man sich für den krummlegt. Hat doch selbst schuld, die Schlummerrolle."

Der Fahrer steckte die Zigaretten ein und meinte, dass er ja kein Unmensch sei, aber er komme in Teufels Küche bei seinem Chef. – Höchstens aber 'ne halbe Stunde, mehr sei nicht drin.

Wir liefen bis zum Ende der Unterführung, sahen die Straße hinunter. Gingen zum anderen Ende, lugten um die Wellblechhütte.

„Ich glaube, wir geben's auf", sagte Bulle, „der kommt sowieso nicht mehr. Den haben die bestimmt eingelocht."

„Na, denn mal ruff uff die Kiste", rief der Fahrer und ließ den Motor an.

„Haaalt – Kuckt mal, wer da kommt!"

„Ei, ei, wer tommt denn da?"

Ulli galoppierte in seinen Pepitaknickerbockern breitbeinig die Straße herunter.

(Wie läuft der denn, hat der sich 'n Wolf gelaufen?)

Seine Brillengläser blinkten schon von Weitem.

„Warteeet! Ihr Flascheeeen!"

„Da bist du ja, du taube Nuss. Man redet sich die Schnauz fusselig, aber nee …? Mach, dass du hinten auf die Karre kommst!", rief ihm Bulle vom Führerhaus entgegen.

Mit vereinten Kräften zogen wir ihn an der Jacke über die Heckklappe. Kopfüber plumpste er auf die Ladefläche.

Der Holzgasgenerator knatterte los, der Wagen ruckte und wir rollten aus der dunklen Unterführung in den bereits dämmernden Abend.

Grinsend saß Ulli hinter dem Führerhaus zwischen den Kohlesäcken.

„Habt mich wohl schon abgeschrieben, was?"

„Mensch, du hast uns 'n schönen Schreck eingejagt. Wo haben die dich denn eigentlich hingeschleppt?"

Er habe da mit 'nem Kerl verhandelt, aber der habe nicht recht was rausrücken wollen. Habe ihn wohl übers Ohr hauen wollen. Ehe er merken konnte, was los war, sei er von der Polente geschnappt worden. Alle Taschen durchwühlt. Die paar Kaffeebohnen habe man ihm weggenommen, aber die Butter, die habe er geistesgegenwärtig ins Hosenbein rutschen lassen.

Mit den anderen Schwarzhändlern sei er zum Polizeipräsidium verfrachtet worden. Dort habe er zwischen einer dicken Frau und so 'nem schmuddeligen Kerl gesessen. Die haben gestunken wie die Paviane. Derart heiß sei es da gewesen, dass ihm die Butter in die Socken gelaufen sei.

(Scheint die Sonne auf die Kniften, geht die Margarine stiften.) Schließlich habe ein Polizist gemeint, dass er machen solle, dass er nach Hause käme. Bürschchen wie er sollten sich lieber nicht da herumtreiben. So 'n dicker, gemütlicher sei das gewesen. Mit dem Auge zugezwinkert und so 'n verstecktes Lächeln um die Mundwinkel. Er habe selbst so 'n Lausebengel, habe er gesagt. Dem würde er das Fell gerben, wenn er den hier anträfe. Ab nach Hause und er solle sich bloß nicht noch mal in dieser Gegend blicken lassen.

Umständlich hakte Ulli den Verschluss an seiner Knickerbockerhose unter seinem Knie los. Mit dem Finger polkte er die Butter aus dem Hosenbund und strich sie an dem Fettpapier ab.

„Viel ist nicht verloren gegangen", sagte er, und versuchte zu retten, was noch zu retten war.

„Notfalls kannst du die Hose ja auskochen, gibt 'ne prima Suppe!", sagte ich.

Wir lachten und Ulli leckte sich die Finger.

„Nur nichts umkommen lassen."

Es war schon dunkel, als wir mit unserem Holzgasgenerator in die Bahnhofstraße einbogen. An der Buchhandlung Pelzer hatten sie das beleuchtete Transparent eingeschaltet (EMIL PELZER – Buchhandlung und Schreibwaren).

Vor Adlers Schraubenfabrik hielt der Fahrer an und wir kletterten von dem Lastwagen.

„Nu aber ab nach Hause!", sagte der Fahrer.

„Na, dann zittern wir mal los – und bis morgen in der Penne, ihr Säcke", sagte Bulle, dann rannte er los, die Bahnhofstraße hinunter. Bis zur alten Post konnte man ihn noch sehen, dann hörte man nur noch seine Schuhe auf dem Pflaster klappern.

Um halb neun sollte ich zu Hause sein – au Backe.

„Wo kommst d u denn jetzt her?", sagte meine Mutter, als ich im Korridor meinen Kleppermantel und den Schlapphut im Abstellkämmerchen verschwinden lassen wollte.

„Und wie du aussiehst – Junge!"

Mein Vater kam mit der Zeitung in der Hand aus dem Wohnzimmer: „Hast du vielleicht mal auf die Uhr gesehen, ja? Um zehn Uhr beliebt der Herr Sohn auch schon nach Hause zu kommen."

„Viertel vor ...", wagte ich, ihn kleinlaut zu korrigieren.

„Auch noch aufsässig, was? Komm mal erst rein! Mit dir hab ich sowieso noch ein Hühnchen zu rupfen."

Ich ahnte, was da auf mich zukam: die Orden. Aber es kam noch schlimmer.

„Weißt du, was das hier ist? – Nein? – Ein sogenannter blauer Brief. – Hier: ‚Die Versetzung Ihres Sohnes ist aufgrund der mangelhaften Leistungen in Latein und Mathematik gefährdet.' – Na, was hast du dazu zu sagen?"

Ich stand da wie ein begossener Pudel und wischte mir mit dem Ärmel über das von Kohlenstaub verschmierte Gesicht.

(Ein Unglück kommt selten allein. – Zappenduster.)

„Gib gefälligst eine plausible Erklärung – Ich warte!", sagte mein Vater jetzt in scharfem Ton.

„Was soll ich dazu sagen? – Die letzten Arbeiten hab ich verbaut, daran lag das wohl."

„Und warum? – Faxen im Kopf. Auf der faulen Haut gelegen, was? – Der Alte hat's ja, das Schulgeld. – Aber d a s hört mir jetzt auf. Die Devise lautet ab sofort: Arbeiten, arbeiten, arbeiten! – Wollen doch mal sehen, ob d a s nicht auch anders geht."

„Nun lass den Jungen sich doch mal erst waschen. Der is ja noch gar nicht ganz bei sich, nicht?", sagte meine Mutter und drehte mich an den Schultern in Richtung Bad, um mich aus der Gefahrenzone zu holen.

„Halt d u nur noch zu ihm ..."

Im Bad seifte ich mich gründlich ab, dann saß ich in der Küche auf dem Kunstledersofa mit dem Löwenkopf am Kopfende und löffelte meine Milchsuppe. Meine Mutter saß in dem weißgestrichenen Korbsessel am Fenster und stopfte Socken.

„Warum k o m m s t du aber auch so spät nach Hause? Du w e i ß t doch, dass Vater das auf den Tod nicht leiden kann, wenn jemand unpünktlich ist. − Halb neun solltest du da sein −", sagte sie, und wühlte in dem Korb nach Strümpfen. „Wo warst du denn? Doch wohl nicht wieder mit diesem Galewski zusammen, diesem Lappes?"

Ich kratzte den Rest meiner Suppe zusammen und sagte; dass ich was mitgebracht habe. Sie solle mal raten, was: gute Butter und Speck.

Meine Mutter legte den Stopfpilz mit dem Socken zur Seite. „Butter und Speck? − Wo willst du d a s denn herhaben?"

Ich erzählte ihr alles, auch das mit den Orden und dem Schwarzmarkt.

„Junge, wie kannst du d a s tun? − Wie soll ich das Vater nur beibringen? − Seine Orden. Du weißt doch, wie stolz er darauf war. Und dann als Schwarzhändler in Dortmund. − Nein! − Da steckt doch bestimmt wieder dieser Galewski dahinter. Von dem hört man ja die tollsten Sachen. Aufsässig, frech und sonst nicht ganz lupenrein. − Das ist kein Umgang, von d e m halt dich mal fern, Junge!"

Ich ging in den Korridor und holte meine Beute aus dem Kleppermantel.

„Mein Gott, Junge! Gute Butter und echter fetter Speck. Wann haben wir d a s zuletzt gegessen? Und die Kaffeebohnen. Das ist ja fast wie in Friedenszeiten", strahlte meine Mutter.

Ich versuchte das Vorfeld für Friedensverträge so gut wie möglich vorzubereiten, schließlich hatte ich das ja nicht für mich, sondern für die ganze Familie getan. „Kannst d u das mit den Orden Vater nicht morgen irgendwie schonend beibringen? Die Zigaretten, vielleicht trösten die ihn auch 'n bisschen darüber weg?"

Meine Mutter meinte, im Grunde habe ich es ja gut gemeint. Von Orden könne man nicht leben, die haben jetzt sowieso keinen Wert mehr. Aber sie wisse nicht, ob d a s gutginge. „Du kennst doch Vater, der und sein Stolz. Ich weiß nicht, Junge, ich weiß nicht …"

Sie hielt die Stopfnadel gegen das Lampenlicht und fädelte einen neuen Faden ein.

12. KAPITEL

Im Jahr 1978

— Zurück in die Wirklichkeit —

— Gesundes Rechtsempfinden —

Ich hatte die Stehleiter zurechtgerückt und machte mich daran, im Wohnzimmer die Deckenlampe mit den sechs Messingarmen abzumontieren.

„Komm, nimm mal die Lampenschalen an!"

Frank legte die gelben Milchglaskuppeln vorsichtig auf dem Fensterbrett ab.

„Sag mal, ist das mit den Orden dann später herausgekommen? Hat dein Vater was gemerkt?"

„Du kennst doch Oma –. In ihrer diplomatischen Art hatte sie Opa beiläufig ein paar Zigaretten auf den Schreibtisch gelegt. Opa: ,Wo hast du d i e denn her?' Dann stellte sie ihm 'ne ordentliche Pfanne Bratkartoffeln mit Speck auf den Tisch, und als Opa gutgelaunt absolut wissen wollte, woher denn der plötzliche Reichtum käme, hat sie ihn alles gebeichtet. – Zuerst wollte er keinen Happen mehr essen, aber dann hat wohl doch der Hunger gesiegt. – So ganz vergessen hat er mir die Sache mit den Orden aber nie."

„Waren ihm die denn so viel wert?", wollte Frank wissen.

„Du musst das mal so sehen: So ein Orden, das war im Krieg eine Art Gütezeichen. Hochdekorierte Soldaten wurden als Helden gefeiert, in höchsten Kreisen herumgereicht und bewundert, so wie heute vielleicht Fußballstars oder Olympiasieger. Ritterkreuz mit Eichenlaub und Schwertern, das war schon was Besonderes, das hatten nur wenige."

„Warum? Gab es so wenig Helden? Ich meine, im Krieg haben doch viele Soldaten gekämpft."

„Na ja, aber je höher der Dienstgrad, umso größer die Chance, eine hohe Auszeichnung abzubekommen. Wenn die Einheit einen entscheidenden Sieg errungen hatte, dann wurde meistens der Einheitsführer mit einem entsprechenden Orden dekoriert. Der einfache Soldat ging leer dabei aus oder er bekam für besondere Tapferkeit im Einzelfall hier und da vielleicht das eiserne Kreuz zweiter Klasse."

„Finde ich aber ganz schön ungerecht", meinte Frank.

„Wenn die einfachen Soldaten nicht so tapfer gekämpft hätten, dann hätte der General oder wie die Führer hießen, die Schlacht doch gar nicht gewonnen."

„Ja, so ist das nun mal: Die Lorbeeren ernten meistens diejenigen, die bereits eine hohe Stellung erreicht haben."

„Aber nach dem Krieg war das doch alles nichts mehr wert, oder?"

„Stimmt, aber an diesen Orden hing so manche Erinnerung. Mein Vater sagte, man habe schließlich was dafür geleistet und die Knochen hingehalten. Das seien keine Blechplaketten vom Winterhilfswerk, so was könne man nicht einfach auf den Müll werfen."

Frank dachte einen Augenblick nach. „Kann ich ja verstehen. Meine Schleifchen und Urkunden von den Bundesjugendspielen würde ich auch nicht wegwerfen."

Meine Frau steckte den Kopf durch die Tür. „Sag mal Frank, muss denn die Kiste mit den alten Steinen auch unbedingt mit?"

„Erstens sind das keine alten Steine, sondern Fossilien, und zweitens sammle ich so was, das wirft man nicht weg."

„Schon gut. – Übrigens: I c h würde mal zuerst den Strom abschalten, bevor ich die Lampe abnähme. Na, dann macht mal weiter, ihr zwei." Mit einem bedeutungsvollen Lächeln zog sie die Tür hinter sich zu.

„Frauen! – Keine Ahnung von der Wissenschaft", sagte Frank geringschätzig.

„Aber von der Technik verstehen sie anscheinend doch was. Geh bitte mal rüber und schalte die Sicherungen aus, sonst müsst ihr womöglich den Umzug noch ohne euren Vater machen!"

Frank lief in die Diele, legte den Kipphebel herum und rief: „Alles klar!"

Vorsichtig löste ich die Stromkabel und stieg mit dem Lampengerüst von der Leiter. „Kannst wieder einschalten!"

Ich hörte, wie sich eine verärgerte Stimme aus der Küche erkundigte, welcher Idiot denn da das Licht ausgeschaltet habe. Man sei schließlich kein Maulwurf, der im Dunkeln arbeiten könne.

„Was mir gerade einfiel ...", sagte Frank, der mit einer Tüte Gummibärchen hereinkam und sich einige davon in die Backe schob. „... Schwarzmarkt, das war doch damals verboten, nicht?"

„Stimmt. – Warum?"

„Waren die, die das damals trotzdem gemacht haben, eigentlich alle kriminell?"

„Du meinst, ob ich also auch ein Krimineller wäre, weil ich da mitgemacht habe? – Nun, so kann man das nicht sehen. Wenn sich damals jemand einigermaßen über Wasser halten wollte, dann war er gezwungen, auf dem Schwarzmarkt Lebensmittel und sonstige Sachen, die man normalerweise nicht bekam, zu ergattern oder bei den Bauern etwas zu hamstern. Mit der Lebensmittelkarte für Normalverbraucher allein, so hieß das damals nämlich, wäre man glatt verhungert. Man bekam ja fast nichts. Und wenn mal 'ne Sonderzuteilung fällig war, dann begann das große Rennen. Ich kann mich noch entsinnen: Eines Tages gab's bei Metzger Meyer 'ne Zuteilung. – Leberwurst ohne Marken, eine undefinierbare graue Masse. Schmeckte nach allem, nur nicht nach Leberwurst. Stundenlang haben wir Schlange gestanden, meine Mutter, mein Vater, meine Großmutter und ich. Immer abgewechselt haben wir uns, damit man sich nicht die Beine in den Bauch stand. Jeder bekam nur ein fingerlanges Stück, aber die Letzten bekamen schon nichts mehr mit.

Wenn sich also jemand nebenher was besorgte, dann war das nicht kriminell, das war reine Selbsterhaltung. Organisieren war in, wie man heute sagen würde. Man musste eben sehen, dass man durchkam. Eine Hand wäscht die andere, nach dem Motto ging das. Die professionellen Schwarzhändler, die den Profit machten, die die Not der Leute ausnutzten, das waren die Kriminellen. Bei denen bekam man alles, vom Anzugstoff über die Glühbirne bis zur echten französischen Seife. Wo die das herhatten, das weiß der Teufel. Man musste nur einige Hunderter hinblättern oder entsprechende Ware liefern. Viele Menschen haben damals ihre letzten Ersparnisse oder teure Erbstücke auf den Schwarzmarkt getragen, um zu überleben."

„Für die war das wohl so eine Art Kavaliersdelikt?"

„So könnte man das ausdrücken. – Die Leute hatten eben ein anderes Rechtsempfinden als heute."

„Aber wer Gesetze nicht beachtet, der macht sich doch strafbar?"

„Recht und Gesetz, das sind zwei Paar Schuhe. Das Wort Recht kommt von ‚richtig‘
und richtig ist für gewöhnlich das, was die meisten Menschen ihrem Gefühl nach als in Ordnung empfinden."

„Werden Gesetze nach Gefühl gemacht?", bohrte Frank weiter.

„Natürlich nicht! Gesetze sollen den Einzelnen schützen und der Allgemeinheit dienen, das ist der eigentliche Sinn der Gesetze."

„Und warum vertreibt man die Hausbesetzer aus den Häusern, die keiner mehr benutzt?"

„Das ist nun wieder ein Kapitel für sich, aber das hat auch etwas mit dem gesunden Rechtsempfinden zu tun. So ähnlich war das damals mit den meisten Gesetzen, die uns von den Siegermächten auferlegt wurden."

„Wenn du sagst, dass die Leute, die damals Schwarzmarktgeschäfte gemacht haben, keine Kriminellen waren, dann sind doch die Hausbesetzer nach dem Rechtsempfinden, was die meisten Leute haben, auch keine – oder?"

„Sofern sie nicht zu den notorischen Chaoten gehören, muss man das zugeben."

Frank kaute einige Zeit auf einem Gummibärchen, dann meinte er: „Ich glaube, jetzt versteh ich das mit dem gesunden Rechtsempfinden."

13. KAPITEL

Magister Longus, Ölgötz: und seine Muse (die schöne Ingrid)

„Er hat sie mit!", rief der kleine Stengel und hastete von der Tür zu seiner Bank in der ersten Reihe.

„Die Arbeiten, er hat sie mit", raunte er nochmal aufgeregt seinem Hintermann zu.

„Aua, mein Zahn! Mir wird jetzt schon ganz flau."

Magister Longus stakste mit langen Schritten in die Klasse, warf die pralle Aktentasche aufs Pult und sagte nach langem, strafendem Blick auf Ulli Getberg:

„Sssetzen!"

Wenn Magister Longus einen Schüler auf diese Weise ansah, bedeutete das, dass dessen Arbeit „unter aller Kanone" war.

In seinem blankgewetzten Anzug stand er vor der Klasse: Magister Longus. Eigentlich hieß er Zöberlein, aber wegen seiner körperlichen Ausmaße wurde er eben nur Magister Longus genannt. Seine Habichtsnase und seine suppentellergroßen Pranken, die er im Vorbeigehen durch die Reihen auf Schülerköpfe fallen ließ, flößten selbst Bulle Galewski gelegentlich einigen Respekt ein.

(Ich werd euch die e-Deklination schon einhämmern.)

„Das Ergebnis ist mal wieder unter aller Kanone. – Getberg stupidissimus est", sagte er und kramte umständlich den Packen blau eingebundener Arbeitshefte aus seiner Tasche.

„Fangen wir mal ganz oben an: Scholz, wie immer die rühmliche Ausnahme – zwei – bonus! Primus inter stupides. Das war die Spitze des Eisberges."

Ingrid Schöne bekam die einzige Drei. Dann tropften hier und da einige Vieren hin. Wer sein Heft bis dahin zurückhatte, lag „oberhalb der Gürtellinie" und ging strahlend auf seinen Platz zurück. Wir anderen rutschten von Heft zu Heft tiefer in unsere Bank.

„Straubach, sein Vater wird sich freuen – vier minus. Na ja, als Mathematiker wird er's verwinden."

Als die Reihe an mir war, meinte er, dass ich mit Hautabschürfungen an 'ner Fünf vorbeigerutscht sei. Er wolle mir noch e i n e Chance geben, ein letztes Mal.

„Galewski! Na ja, für s e i n e Geschäfte braucht er wohl kein Latein. Humanistische Bildung? Völlig überflüssig. – Fünf minus, mit Rücksicht auf die kranke Oma."

„Ist lange schon tot", sagte Bulle und grinste ihn herausfordernd an.

Der Druck in meinem Magen war verflogen. Ich rechnete mir aus, dass die Fünf in Latein auszubügeln war, wenn ich noch eine Vier schrieb. Das müsste auch bei minimalem Arbeitsaufwand drin sein.

(Saisonarbeiter, was? hatte Blömeke mal zu mir gesagt und mir mit dem Fingerknöchel eine gutgemeinte Kopfnuss verpasst.) Nach Auffassung meines Vaters konnte ich das Klassenziel aber nur mit erheblich größerem Arbeitsaufwand erreichen (Arbeiten, arbeiten, arbeiten!).

Ich würde also in den sauren Apfel beißen müssen, denn ich hatte auch bei ihm einiges gutzumachen.

Der dicke Beckmann saß strahlend in seiner Bank. Völlig unbeteiligt und gelöst. Ihn ließ das alles kalt, denn vor der Lateinarbeit hatte er rechtzeitig seine Magenschmerzen bekommen. (Bei Studienrat Blömeke abmelden: Herr Studienrat, ich habe Gastritis. – Dabei ein schmerzverzerrtes Gesicht machen. – Ist es schlimm? Na, dann geh mal nach Hause!)

Ulli Getbergs Schicksal war besiegelt. Das vorletzte Heft landete reichhaltig mit roter Tinte verziert bei dem kleinen Stengel. „Sssechs! Sssextus – paptus, mein Sssohn!"

Schlimmer konnte es ja nun nicht mehr kommen. Mit theatralischer Geste schlug Magister Longus Ullis Heft auf. „Equus magnissimus: Das Riesenross, das Riesenross mit Eichenlaub und Schwertern: Getberg, außer locus: der Ort und circus: der Circus ist ihm Latein wohl völlig fremd, wie? Lasse er sich das Schulgeld zurückgeben! Sssextus papptus maximus!"

Seinen Spott über zensurengeschundene Schüler zu ergießen war ihm ein inneres Bedürfnis (den hab' ich gern wie Bauchschmerzen).

Der dicke Beckmann glaubte sich in Sicherheit. Hämisch grinsend drehte er sich zu Ulli um: „Na, du Schlummerrolle? Wie willste denn das deinem Alten beibringen?" Doch er hatte nicht mit der Hinterlist Magister Longus gerechnet.

„Beckmann, wie ich ssso eben feststelle, fiebert er danach, ssseine Lateinkenntnisse preiszugeben. Und wie ich weiter feststelle", er blätterte in seinem roten Notizbuch, „hat er bei der letzten Lateinarbeit durch Abwesenheit geglänzt, stimmt's? Schlage er auf und übersssetze: Ssseite 43: De Caesare et Catone."

Sichtlich beunruhigt rutschte der dicke Beckmann in seiner Bank herum und blätterte mit feuchten Fingern auffallend lange in seinem Buch „Ars Latina".

„Will er nun anfangen, ja?", drängelte Magister Longus. Auf Beckmann Stirn zeigten sich kleine Schweißperlen. Eindringlich räusperte er sich, als habe er einen Frosch verschluckt. Den Zeigefinger quetschte er unter die obere Zeile, dass die Fingerkuppe weiß wurde und begann mühevoll zu übersetzen: „Eodem tempora – äh – nein, temore, quo Cicero – äh – consul son-son-soniu-ratione- nein nem …"

Magister Longus meinte nach einer Weile, dass es nun reiche, das sei mehr als miserabilis. „Quintus! Um es auch für ihn verständlich auszudrücken: fünf!"

Mit hochroten Ohren saß der dicke Beckmann in seiner Bank. Ulli beugte sich vorsichtig zu ihm hinüber: „Na, Beckmann? War das fein?"

„Halt's Maul!", zischte ihm Beckmann ärgerlich zu und kaute nervös an seinen Fingernägeln.

„Möchte sich noch jemand profilieren?", fragte Magister Longus und blickte suchend über eingezogene Köpfe. Ein einsamer Finger ragte hervor, Bulle Galewski.

„Ach, der Galewski, sssieh an. Was möchte er denn? Übersssetzen? Deklinieren? Konjugieren? – Bitte, er kann wählen."

Bulle räkelte sich mit seinen langen Beinen aus der Bank und stand mit verschränkten Armen an den Tisch gelehnt. „Herr Doktor Zöberlein, würden Sie mir bitte e i n e Frage beantworten?"

„Wie? Äh, was? Ja, was ist?"

„Humanismus, das kommt doch aus dem Lateinischen von humanus und bedeutet so viel wie menschlich. Liege ich da richtig?" Magister Longus schaute verdutzt in der Klasse umher. Offenbar wartete er auf eine Reaktion von uns, doch wir saßen nur stumm da und sahen ihn erwartungsvoll an.

„Wie? Was? Natürlich, humanitas = die Menschlichkeit, Was äh – sssoll das heißen?"

„Als Lateiner nennen Sie sich dann ja wohl auch Huma-nist?"

„Ah, ja, natürlich. Ich habe eine humanistische Ausbildung genossen. Was sssoll die Frage?" Zöberlein schob nervös seinen dünnen Krawattenknoten zurecht. „Wie kommt es dann, dass sie nicht menschlich handeln? Ihr Sarkasmus stinkt ja schon zum Himmel. Macht Ihnen d a s eigentlich Spaß? Befriedigt Sie das?"

Zöberlein lief violett an, drehte sich zur Tafel um und knallte sein Notizbuch auf's Pult.

„Ich ver-bit-te mir diese Un-ver-schämt-heit, Galewski!", schrie er. Die Hände auf dem Rücken, durchquerte er mit langen Schritten den Klassenraum. Plötzlich blieb er stehen, als sei er vor eine Wand gelaufen. Mit leiser Stimme, in der der drohende Tonfall nicht zu überhören war, sagte er: „Galewski, hinaus! – Unglaublich ist das – hinaus!"

Bulle packte in aller Seelenruhe seine Sachen zusammen. Ohne einen Blick auf Zöberlein zu tun, ging er zur Tür.

„Tschüss, ihr Säcke!", sagte er und zog die Tür hinter sich zu.

Wir saßen wie versteinert da. Die Rache Zöberleins würde fürchterlich sein, für Bulle und auch für uns, glaubten wir.

Doch Magister Longus schien plötzlich wie umgewandelt. „Unglaublich ist das, unglaublich", murmelte er vor sich hin.

Mit einer abrupten Drehung zur Klasse blieb er stehen. „Seid ihr auch der Meinung, dass ich unmenschlich bin, ja? Bin ich das tatsächlich?"

Keiner hätte den Mut gehabt, diese Frage ehrlich zu beantworten. Statt einer Antwort sahen wir ablenkend zu Straubach, unserem Klassensprecher, hinüber. Aber auch der zog den Kopf ein und hüllte sich in Schweigen.

Die Pausenglocke erlöste uns aus dieser peinlichen Lage.

„Pause, Herr Doktor!", sagte Straubach sichtlich erleichtert.

„Ich bin nicht taub", antwortete Zöberlein, drehte sich enttäuscht um und packte beleidigt seine Bücher ein.

In der großen Pause gab's Schulspeisung, Erbsmehlsuppe. Man hatte genug damit zu tun, die letzte Lateinstunde und das Ergebnis der Arbeit zu verdauen. Durch Erbsmehlsuppe wollte man sich nicht auch noch den Magen verderben. Fräulein Sperling schwang, wie gewöhnlich, die Suppenkelle: „Wer will noch mal, wer hat noch nicht? Es ist noch reichlich da ...", krähte sie. Die meisten Schüler machten aber einen großen Bogen um sie, verzogen das Gesicht, machten „Ääach" und taten so, als müssten sie sich übergeben.

Dann Musik bei Dr. Götze. Ölgötze sagten wir, wegen seiner fettigen Haare. Dr. Götze, der einem den Kopf ganz sanft auf seiner rechten Handfläche zurechtlegte, wenn man die Noten nicht gelernt hatte. Der so tat, als schlage er mit der linken Hand zu und wenn man zuckte, mit der rechten aus der Gegenrichtung traf. Das sprach sich bald herum, und so versuchte man den Schlägen zu entkommen. Doch Götze war unberechenbar, er änderte fast täglich seine Taktik. Mal kam der Schlag von links, mal von rechts.

Musikunterricht fand in der Aula statt, wegen der Akustik. Graf Bobby hatte sich den Drehhocker am Flügel zurechtgeschraubt und hämmerte einen Boogie-Woogie in die Tasten.

Hasse nasse Socken, hasse nasse Socken, tanze Boogie-Woogie, sind se trocken ...

Helmut schlug mit den flachen Händen auf dem Flügeldeckel den Takt und versuchte durch Hecheln das Scheppern der Becken nachzuahmen. Der dicke Beckmann zupfte offensichtlich den Bass: dmm, dmm, ddddmmm …

Die Finger seiner linken Hand glitten auf imaginären Saiten, die sich oberhalb seines Kopfes befinden mussten, hin und her. Mit der rechten schien er sich gegen die Brust zu schlagen: dmm, dmm, ddddmmm …

Christel und Lotti wirbelten umeinander, rissen sich an den Armen in die Gegenrichtung, versuchten einen Überschlag.

… tanze Boogie-Woogie, sind sie trocken … tatatatataaaa – wummm!

Der kleine Stengel kam von der Tür aus angerannt: „Ööööö-ölgötze!"

Alle warfen sich in die Bänke.

„Nun setzt euch mal", sagte Dr. Götze. „Wer war denn dieser musikalische Mensch da eben?"

„Jacobi", strahlte der kleine Stengel und Dr. Götze meinte, nicht schlecht sei das, nicht schlecht. Aber zuerst müsse man die Klassiker studieren, um auch diese Musik, die Ausdruck der Volksseele Amerikas sei, verstehen zu können.

„Können wir nicht mal über Jazz sprechen, Herr Doktor Götze?", fragte Graf Bobby.

„Später, viel später. Wie gesagt, die Klassiker sind das Fundament unserer abendländischen Musik."

Mozart, Beethoven, Chopin, obwohl der Pole gewesen sei, Pole trotz seines französischen Namens. Die Kultur schreite von Ost nach West voran. – Tschaikowski, wie herrlich seine Klavierkonzerte seien. Oder Smetana: Die Moldau, das fließe so dahin, das sähe man richtig vor sich – die Moldau.

Graf Bobby meinte, dass Jazz doch auch etwas sei, was die Musikgeschichte präge. Ob nun Dixieland, Swing, Bebop oder Chicago und Louis Armstrong oder Teddy Wilson zum Beispiel, vielleicht wären d a s die Klassiker von morgen.

„Du greifst der Musikgeschichte etwas weit voraus, mein Sohn. Die großen Meister der Muse werden erst Generationen nach unserer Epoche geschätzt werden."

Götze ließ seine Finger über die Tasten tanzen, er demonstrierte Klassiker: „Hier, Beethoven zum Beispiel, Rondo aus Sonate Opus 13 in c-Moll."

Ingrid Schöne solle doch mal an den Flügel kommen.

„Bist du mal so nett, mein Kind?"

Götze blätterte in einem abgegriffenen Notenheft: „Hier, vielleicht das? Rondo Capriccioso, Opus 14 v. F. Mendelssohn-Bartholdy?"

„Ja, das ginge wohl", sagte Ingrid und studierte eifrig die Noten.

Götze legte seinen Zeigfinger auf den Mund: „Psssst!" Auf Zehenspitzen ging er zum Fenster, setzte sich auf einen einsamen Stuhl in der Ecke und schlug erwartungsfroh die Beine übereinander.

Ingrid rückte sich den Hocker zurecht, warf die blonde Haarsträhne aus der Stirn und begann mit kräftigen Akkorden. Ihre Finger glitten spinnenhaft über die Tasten, schlugen kraftvoll zu und wirbelten flink von weißen zu schwarzen Tasten. Mal beugte sie den Körper vor, als wolle sie sich verneigen, mal warf sie ihn zurück. Ihr langes, blondes Haar fiel verwegen in die Stirn, mit einer eleganten Kopfbewegung schüttelte sie es zurück.

Die Arme über der Brust verschränkt, hatte ich die Beine lang unter der Bank ausgestreckt und beobachtete aufmerksam ihr Klavierspiel. Sie schien die Umgebung völlig zu vergessen. Ihre Wangen begannen sich rosig zu färben. Auch ich war bald allem weit entrückt: der Lateinarbeit, Magister Longus, seinem Sarkasmus und der Klasse, in der ich saß. Ich sah nur noch Ingrid, wie sie in ihrem himmelblauen Sommerkleid am Flügel saß und dem Instrument, wie ich fand, die herrlichsten Töne und Akkorde entlockte. Ich sah sie plötzlich irgendwo in einem riesigen Konzertsaal, vielleicht in der Wiener Staatsoper. Mit stuckverzierten Balkonen, auf denen parfümierte Damen in Reifröcken und straffgescheitelte Herren im Frack in roten Plüschsesseln saßen. Ich sah sie angestrahlt von hellen Scheinwerfern. Nach dem Konzert rasender Applaus. Wie sie sich verneigte und mir von der Bühne eine Rose zuwarf.

Ich wurde aus meinen Träumen gerissen, als Dr. Götze meinte, dass d a s nur ein Beispiel sein könne aus dem reichhaltigen Repertoire der Klassiker. Die Sonatine von Clementi solle den Abschluss bilden, dann m ü s s t e n wir aber zum Lehrstoff zurückkehren.

Als Ingrid die letzten Akkorde gegriffen hatte, begann ich spontan Beifall zu klatschen. Zunächst zögernd, stimmten einige ein. Dann deutete auch Dr. Götze durch sanftes Aufeinanderschlagen der Fingerspitzen seine Bewunderung an. Ingrid lächelte, errötete bis an die Haarwurzeln und ging mit schwingenden Schritten auf ihren Platz. Von diesem Zeitpunkt an, dachte ich nur noch an sie.

Dr. Götze räusperte sich und verkündete, dass er noch einige „begabte Stimmen" für seinen Schulchor benötige. Er tippte mit dem Finger steil auf eine Taste. „A-Dur – Aaaaaaah – Aaaaaah – Aaaaaaaaah!"

Einzeln mussten wir an den Flügel treten. „Stell dich mal dort hin – und jetzt: Aaaaaaah!"

„Ich bin im Stimmbruch", redeten sich die meisten heraus. Einige, die den Ehrgeiz hatten, Mitglied des Schulchores zu werden, mühten sich die Tonleiter hinauf. Mit schräg gestelltem Kopf und nach oben gerichtetem Blick suchten sie mit Fistelstimmen den höchsten Ton zu erreichen.

Straubach bekam anschließend einen Hustenanfall.

„Nein, nicht Aaaaah – hier: Aaaaaaaaah – Fis!", versuchte Ölgötze ihn zu ermuntern.

Ulli Getberg jodelte wie ein kranker Esel. Bulle Galewski schien das Gebrumme eines Grizzlybären nachahmen zu wollen.

„Nicht brummen! – Aaaaaaah-Aaaaah!"

„Looo-looooooh ...!", brummte Bulle in den tiefsten Tönen und hängte noch einen Gluckser an.

Die Mädchen kicherten, prusteten und steckten die Köpfe zusammen.

Die meisten von uns versuchten möglichst falsch zu singen, um nicht in den Schulchor aufgenommen zu werden, denn an jedem Mittwoch war Probe. Das bedeutete: eine Stunde länger in der Schule bleiben.

Als ich an der Reihe war, stand ich vor der Frage: jodeln oder nicht? Sang ich falsch, brauchte ich nicht zur Schulchorprobe, aber ich blamierte mich womöglich unsterblich vor Ingrid. Sang ich gut, stieg ich in der Gunst Ingrids, aber ich hatte die Bürde der Chorproben zu tragen. Schließlich entschloss ich mich zu der bewährten Ausrede, dass ich zurzeit im Stimmbruch sei. Das ließ mich in den Augen Ingrids möglicherweise männlicher erscheinen, andererseits ersparte mir das auch die Chorproben.

Ölgötze gab sich damit zufrieden und meinte wohlwollend, ich könne es nach dem Stimmbruch ja noch mal versuchen. Niemand sei so unmusikalisch, dass er nicht ein paar Töne klaren Gesanges von sich geben könne. Das Musische sei in dem Menschen, es müsse nur geweckt werden.

14. KAPITEL

Träume am Baggerloch

„Geht ihr mit an Kislers Baggerloch? Die Weiber sind auch da", sagte Graf Bobby.

An warmen Sommertagen zog alles an Kislers Baggerloch zum Baden. Vor fast zwanzig Jahren hatte man da noch Sand herausgebuddelt, dann war der Betrieb eingestellt worden und die Sandgrube lief voll Grundwasser. An einigen Stellen waren die Ufer mit den Jahren zugewuchert: Binsen, Schilf und Weidenbäume. Wo der Kiefernwald nicht bis ans Wasser reichte, gab's Sandkuhlen, in denen man sich die Sonne auf den Bauch scheinen lassen konnte.

Die Spätsommersonne hatte noch einmal ihre ganze Kraft zusammengenommen. 25 Grad im Schatten zeigte das Thermometer an. Der Tag war zu schön, um ihn über Vokabelheften oder Logarithmentafeln zu verplempern.

Kurz vor zwei trafen wir uns mit unseren Rädern vor der Schraubenfabrik Adler. Alte Wolldecken und Butterbrotpakete auf dem Gepäckträger eingeklemmt: Graf Bobby, der dicke Beckmann, Ulli, Helmut und ich.

Wir radelten die hitzeflimmernde Landstraße entlang, an der alten Ziegelei vorbei. Zwei Kilometer weiter bogen wir in den Habichtsforst ein. Die hohen Kiefern spendeten uns kühlen Schatten. In dem knöcheltiefen Sand hatten wir zu ackern, dass wir nicht stecken blieben. Wir stemmten uns in die Pedale, hielten krampfhaft die Balance und schwitzten wie die Affen.

Die besten Mulden waren schon belegt: Liebespärchen, die unbeobachtet sein wollten. In unserer Stammkuhle hatte sich eine

Familie mit vier Kindern breitgemacht. Die dralle Mutter im rüschenbesetzten Strandkleid fütterte einen Säugling ab, während der Vater, die Beine wie ein Frosch gespreizt, auf dem Bauch liegend schlief. Ein Dreikäsehoch schleppte unermüdlich Wasser zu einer Sandburg. Die beiden älteren Jungen bewarfen sich mit Schlamm, bis schließlich einer von ihnen zu schreien begann, sich die Augen rieb und Sand spuckte.

„Da hinten sind die Weiber", sagte der dicke Beckmann. Wir lehnten unsere Räder an die Bäume und liefen hinunter zu der Sandbank.

„Ist hier noch Platz?", fragte Graf Bobby und warf, ohne eine Antwort abzuwarten, seine Decke neben der schönen Ingrid und Christel Müller in den Sand. Lotti und die mollige Marlies lächelten erwartungsfroh.

„D i e haben uns noch gefehlt", sagte Christel und drehte uns demonstrativ ihr Hinterteil zu.

Wir schlugen unsere Decken auseinander, streiften Hosen und Hemden ab und stürzten mit Indianergeheul ins Wasser. Nur Ulli kam nicht mit, der war Nichtschwimmer und mühte sich ab, einen alten Fahrradschlauch, den er sich beim Schwimmen um den Bauch schlang, aufzupumpen. Wir anderen kraulten um die Wette, tauchten, bespritzten uns mit Wasser und stießen gurgelnde Urlaute aus. Graf Bobby schwamm im großen Bogen seine Bahn. Den Kopf hielt er ständig steif über Wasser. Wasser schade seiner Frisur.

Ulli stand am Ufer. Den alten Fahrradschlauch um die Brust gewunden, prüfte er mit der großen Zehe die Wassertemperatur. Seine Brille hatte er vorsorglich abgelegt. (Ohne Brille ist der doch blind wie'n Maulwurf.)

„Ulliiiiii! – Komm rein, du Flasche!"

Bis zu den Knien stand er bibbernd im Wasser. Zum Eintauchen konnte er sich wohl noch nicht recht entschließen. (Wer wagt es, Rittersmann oder Knapp, zu tauchen in diesen Schlund hinab?)

Wir kraulten zum Ufer zurück, liefen an Land, schnappten uns Ulli, schaukelten ihn an Armen und Beinen hin und her und warfen ihn im hohen Bogen ins Wasser (Weeeeeerft … weg!)

Prustend, hustend und paddelnd strebte Ulli dem Ufer zu. Den Kopf hielt er wie ein Seehund nach oben gerichtet. „Ihr blö – den Säck – Säcke – eh!", keuchte er und kletterte an einer flachen Stelle ans Ufer.

Wir sprangen lachend ins Wasser.

Graf Bobby war an Land gegangen und schüttelte sich bei den Mädchen das Wasser vom Körper. („Iiiiiii …, du Ferkel!")

„Lass die plumpen Annäherungsversuche, du Rüpel!", fauchte Christel ihn an.

Der dicke Beckmann wälzte sich im Sand. Als Streuselkuchen garniert, rannte er dicht an den Mädchen vorbei, schlug bizarre Haken und warf sich wieder ins Wasser. „Total bekloppt", rief Christel ihm nach, „wie 'n Kotelett: paniert und von beiden Seiten bekloppt!"

Ich war mit Helmut zum gegenüberliegenden Ufer geschwommen. „Apfelsaft Gralmann" hatte da ein Bootshaus. Unter der Veranda, die auf Holzpfählen in den See hinausgebaut war, schaukelte ein blau gestrichener Kahn. „Seeschwalbe" stand in schwarzer Schrift vorn am Bug.

Heinrich Gralmann war ein Kriegskamerad meines Vaters. „Wie geht es deinem Vater?", fragte er jedes Mal, wenn er mich traf, und: „Wir waren in Russland zusammen, Wolchow-Sümpfe. – War mein Regimentskommandeur, ein feiner Mann. Hatte auch Wolhynisches Fieber. – Ein feiner Mann. Grüß ihn mal schön von mir!"

Als ich mal eine Handkarre Fallobst aus Opa Schmerkötters Garten zu seiner Mosterei brachte („Gralmanns Apfelmostfabrik" stand großspurig an der Holzbaracke), hatte ich ihn scheinheilig gefragt, ob es stimme, dass er ein Boot an Kislers Baggerloch habe.

„Hab' ich, hab' ich! Kannste ruhig mal nehmen. Aber nicht kaputt machen, woll?", hatte er damals gesagt.

Helmut und ich krochen unter die Veranda, lösten das Tau, mit dem der Kahn an einem der Pfähle festgebunden war, und ruderten zurück zu unserm Lagerplatz.

„Schiff ahoiiiii", riefen wir den anderen schon von Weitem zu.

„Wo habt ihr d e n Dampfer denn aufgetrieben?", rief Ulli, die Hände zum Trichter vor dem Mund geformt.

„Geentert!", rief ich zurück.

Der dicke Beckmann, Graf Bobby, Christel und Ingrid rannten ins Wasser und schwammen uns entgegen. Ulli haspelte mit dem Fahrradschlauch herum, warf ihn dann aber resigniert zur Seite und hockte sich zu Lotti und Marlies auf die Decke.

Wir zogen Christel und Ingrid an Bord. Graf Bobby hatte sich ans Heck gehängt und spielte Außenbordmotor. Als der dicke Beckmann versuchte, ins Boot zu klettern, drohte es zu kentern. Ingrid neben mir auf der Bank kreischte und klammerte sich an mir fest, was mir nicht gerade unangenehm war.

„Mensch, bleib draußen, Beckmann! Der Kahn säuft sonst ab!"

Der dicke Beckmann zog sich seitlich hoch, tauchte wieder unter – auf und ab. Der spielte wohl Flaschenteufel?

Graf Bobby hatte sich auf die andere Seite gehängt. Gemeinsam versuchten sie den Kahn zum Kippen zu bringen. Sie glucksten, tauchten unter und spuckten im hohen Bogen Wasser ins Boot.

Wir wurden wie in einer Lostrommel durcheinandergeschüttelt.

„Lasst jetzt den Quatsch! Der Kahn gehört mir nicht!", schrie ich, als das Boot fast umschlug.

Die beiden lachten nur und hängten sich mit ihrem ganzen Gewicht an die Bordwand. Als der Kahn sich bedrohlich zur Seite neigte, nahm ich das Paddel.

„Lasst los, ihr Idioten!" Ich schlug zu. Zuerst traf ich Graf Bobbys Finger, dann schlug ich in Richtung Beckmann, doch der ließ noch rechtzeitig los.

Schimpfend schwammen sie zum Ufer zurück: „Verrückt geworden, was? – Spielverderber!"

Wir ruderten noch eine Runde, dann ließen wir die „Seeschwalbe" an unserm Lagerplatz sanft auf Grund laufen und zogen sie auf den Sand.

Die anderen saßen auf ihren Decken in der Sandmulde und beobachteten unser Landemanöver. Der dicke Beckmann hatte sein Butterbrotpaket ausgepackt und kaute an einer Klappstulle (Leberwurst) aus der Zuteilung. Ich hatte nur Rübenkraut gekratzt auf dem Brot.

Graf Bobby lag, auf den Ellenbogen gestützt, neben ihm, eine Zigarette klebte lässig in seinem Mundwinkel.

„Na, war's schön? – Glaubst wohl, du kannst mit dem Kahn hier die große Schau abziehen, den Verführer spielen, was? Schmückt sich mit fremden Federn", pöbelte er mich gleich an.

„Ach, halt's Maul!", sagte ich nur und warf mich neben meinen Sachen in den Sand. (Nur keinen Streit vermeiden.)

Wenn wir lahmen Enten tatsächlich abgesoffen wären, e r hätte uns schon rausgeholt, jedenfalls die Mädchen.

Schließlich habe er ja 'nen Kurs als Rettungsschwimmer absolviert. Mich hätte er als Entenfutter absaufen lassen, meinte er und verschluckte sich vor Lachen.

„Alters Ekel!", sagte Christel, kramte in ihrer Tasche und fragte, ob Lotti ihr mal den Rücken einölen könne.

„Kann ich viel besser", grinste Graf Bobby.

„D u kannst mir höchstens mal den Buckel runterrutschen", gab Christel zur Antwort. Ich lachte schadenfroh, die Mädchen kicherten. Graf Bobby hatte wieder eine Niederlage eingesteckt.

Er gab nicht auf, nun versuchte er die Heldentour: Er habe da mal einen Mann aus dem Kanal geholt. Fast zwei Zentner habe der gewogen. Habe bereits 'ne halbe Stunden im Wasser gelegen, schon ganz blau. Und dann Wiederbelebung nach Thomsen. Gepumpt, was das Zeug hielt. Fast zwei Stunden gepumpt, bis zur Erschöpfung. Alle hätten ihn schon aufgegeben. Verzweifelt habe e r weitergepumpt. Dann habe der Mann die Augen aufgeschlagen, habe ihn richtig dankbar angesehen. Er wolle es mal demonstrieren, wie das ginge: Methode Thomsen.

Damit zog er Ingrid von der Decke. Sie solle sich mal da so hinlegen. Ingrid sträubte sich, nein, nicht mit ihr. Sie versuchte sich vergeblich aus dem Griff Graf Bobbys zu befreien. Doch der drehte ihr die Hände nun mit Gewalt auf den Rücken, sie solle sich bloß nicht so haben.

Ingrid schrie leise auf.

„Lass sie sofort los!" Ich stand auf und ging langsam auf ihn zu. Gleich war der fällig, dieser Angeber. Versucht mit seinen plumpen Annäherungsversuchen hier auf „Schönwetter" bei Ingrid zu machen.

„Kuckt mal da, der eifersüchtige Gockel! Was willst d u denn – he?", grinste Graf Bobby und umklammerte die sich verzweifelt wehrende Ingrid.

Ich sprang auf ihn zu, schlang meinen Arm von hinten um seinen Hals und zog ihn mit einem kräftigen Ruck rücklings zu Boden. Fallend hatte er Ingrid losgelassen, rappelte sich sofort wieder auf, rannte zu seinen Sachen und drehte ein Handtuch zu einer Wurst zusammen. Damit flappte er mir grinsend ins Gesicht und gegen die Beine, sobald ich auf ihn zuging. Ich nahm meinen ganzen Mut zusammen, denn Graf Bobby war gut einen Kopf größer als ich. Als er wieder nach meinem Gesicht schlug, konnte ich ihm das Handtuch aus der Hand reißen, sprang ihn an und wir beide rollten uns festumklammert im Sand. Mal lag ich unten, mal Graf Bobby. Ich hatte Sand in die Augen bekommen und konnte deshalb alles nur wie durch einen Schleier sehen.

Die anderen standen um uns herum. Der dicke Beckmann feuerte Graf Bobby an, während er an seiner Klappstulle kaute. Ulli, Helmut und die Mädchen waren anscheinend auf meiner Seite. Das spornte mich zu fast übermenschlichen Kräften an, zumal ich Ingrids ängstliches Gesicht für einen Augenblick in der Runde entdeckt hatte.

Ich bekam Graf Bobby am Kopf zu fassen, dann hatte ich ihn im Schwitzkasten. Ich warf mich seitlich auf ihn und drückte ihn mit hochrotem Kopf in den Sand. (Na, schmeckt das fein?)

Graf Bobby ächzte und prustete. In höchster Not hatte er sich in meine Badehose verkrallt und versuchte, sie mir hinterlistig herunterzuziehen. Hinter mir hörte ich den dicken Beckmann glucksen. Ich griff schnell hinter mich, um meine so entstandene Blöße zu bedecken. Das nutzte Graf Bobby und entwischte aus meinem Haltegriff. Er sprang auf, und während ich mich hochrappelte, schlug er mir seine Faust mitten ins Gesicht.

Für einen Augenblick sah ich trotz der strahlenden Sonne Funken sprühen. Ich spürte, wie mir warmes Blut aus der Nase über den Mund lief. Als ich mich nochmal wutentbrannt auf Graf Bobby stürzen wollte, hielt mich jemand von hinten fest: „Schluss jetzt!"

Zwei Männer waren dazwischen gegangen. „Hier wird sich nicht geschlagen!"

Er solle machen, dass er wegkäme, sich bloß verziehen, sagte Christel, die anderen pflichteten ihr bei.

Graf Bobby sah, dass seine Chancen hier wohl vertan waren. Er raffte seine Sachen zusammen und trollte sich. Auch der dicke Beckmann zog es vor, mit ihm das Feld zu räumen, denn er hatte sich schon vorher auf Graf Bobbys Seite geschlagen. Von Weitem riefen sie mir zu, dass ich noch was erleben könne, morgen in der Penne, dann verschwanden sie hinter den Kiefern.

Ich saß im Sand und Christel und Ingrid bemühten sich, mir mit einem nassen Handtuch das Blut aus dem Gesicht zu wischen.

Man müsse mir ein nasses Tuch ins Genick legen, das brächte das Blut zum Stillstand, meinte Ingrid und bettete mich wie einen Schwerverwundeten auf ihre Decke (Florence Nightingale: Der Engel der Verwundeten). Diese angenehme Pflege kostete ich voll aus.

Trotz meiner blutigen Nase war ich offensichtlich doch als Sieger aus diesem Zweikampf hervorgegangen. Jetzt erntete ich die Früchte meines Sieges.

Ich sagte, dass ich Apfelmus aus Graf Bobby gemacht hätte, wenn man mich nur gelassen hätte. Sie würden mir das schon glauben, sagten sie und fütterten mich mit Äpfeln. Ingrid hatte sogar kalten Apfelpfannkuchen mitgebracht.

Wir aßen, tranken Lottis Teekanne leer, lachten und sprangen zwischendurch ins Wasser. Ich hielt mich möglichst in der Nähe der schönen Ingrid auf, während Christel und Helmut ihr gemeinsames Interesse für die Schauspielerei entdeckt hatten. Bei Helmut war es allerdings mehr der Spielfilm. Besonders die lustigen Filme hätten es ihm angetan: „Quax, der Bruchpilot" mit Heinz Rühmann oder „Sieben Jahre Pech", wo Hans Moser in der Straßenbahn die weißen Mäuse aus der Tasche krabbeln. Christel schienen die Klassiker mehr zu fesseln. Zu gern möchte sie mal das Gretchen im Faust spielen.

Meine Ruh ist hin,
Mein Herz ist schwer.
Ich finde sie nimmer
und nimmermehr.

Das sei die Traumrolle jeder Schauspielerin.

Als wir damals bei Plätzchen die „Minna von Barnhelm" besprachen, hatte sie die Rolle der Minna lesen dürfen. Den Text hatte sie fast auswendig gekonnt, so war sie in der Rolle aufgegangen.

Ulli saß zwischen zwei Feuern: Auf der einen Seite die mollige Marlies und auf der anderen Lotti mit den Gurkenbeinen. Seine Neigung ging anscheinend mehr in Richtung Marlies. Lotti sah sich abgeblitzt und drängelte sich zwischen Christel und Helmut (fünftes Rad am Wagen). Ich schlug vor, das Boot müsse wieder zum Bootshaus zurückgebracht werden, es sei schon spät.

Ulli bot sich an, mir dabei zu helfen. Ich sagte, das sei zu gefährlich, für ihn als Nichtschwimmer. Nein, das Risiko wolle ich nicht eingehen.

Meine wahre Absicht, Ingrid mit in den Kahn zu lotsen, hatte Ulli wohl nicht erkannt. Treuherzig meinte er, er könne ja seinen Fahrradschlauch anlegen.

Ob s i e denn wohl Lust habe, mit mir das Boot wegzubringen, fragte ich Ingrid. Sie solle schon mal einsteigen, sagte ich schnell, bevor sich noch ein anderer anbot.

Ich schob das Boot über den Sand ins Wasser und schwang mich möglichst elegant hinein. Ich hatte das mal in einem Abenteuerfilm gesehen: Meuterei auf der Bounty. Ich legte mich kräftig in die Riemen, der Kahn glitt ruhig über die glatte Wasserfläche. Ob wir wohl noch eine Runde drehen sollten, schlug ich vor. „Gern", sagte Ingrid und ließ die Hand neben dem Boot durchs Wasser gleiten.

Ich ruderte hinüber zu den Trauerweiden, die ihre Zweige bis ins Wasser hängen ließen. Da konnte man durchfahren wie durch einen Tunnel. Ich lenkte den Kahn um einen umgestürzten, im Wasser liegenden Baumstamm zum Eingang der Blättergrotte. Ein paar Enten schwammen mit ihren Küken vorbei. „Kuck mal, süß!", sagte Ingrid.

Ich sagte „Hm, hm" und sah sie dabei an.

Hier und da blitzte die Sonne durch das dichte, hellgrüne Blätterdach.

„Grüne Hölle am Amazonas", sagte ich. „Habe ich mal gelesen. So ähnlich muss das wohl sein", und ließ das Boot treiben. Hier waren wir ganz für uns, nur das Plätschern der kleinen Wellen, die gegen das Boot schlugen, war zu hören. In der Ferne vereinzelte Kinderrufe.

„Schön hier", sagte Ingrid.

Ich setzte mich auf den Boden, lehnte mich gegen die Bordwand und schloss für einen Moment die Augen. Ich genoss den Augenblick: allein mit Ingrid in dieser grünen Oase. Ich stellte mir vor, wir ruderten den Amazonas hinab, umgeben von Schlangen und Krokodilen, auf gefährlichen Stromschnellen unter Lianen hindurch. Amazonasindianer, die uns mit Giftpfeilen verfolgten. Wie ich mit Alligatoren kämpfend Ingrid aus Strudeln und Stromschnellen befreite.

Plötzlich spürte ich den Duft gecremter Haut an meinem Gesicht, dann den sanften Druck einer Nase und eines Mundes auf meiner Wange.

„Das ist dafür, dass du dich für mich geschlagen hast", sagte Ingrid und strich sich eine Haarsträhne aus der Stirn.

Ich spürte, wie mir das Blut in die Ohren schoss.

„Och ..., äh, das war doch ... war doch selbstverständlich. – Schon gut", stotterte ich. Mein Herz schlug mir bis zum Hals.

Sie hatte mich geküsst! Ingrid hatte mich geküsst! Wenn ich d a s den anderen erzählte, das glaubten die mir nie. Und Graf

Bobby, der würde platzen vor Wut. Aber ich würde es natürlich nicht tun, kein Wort.

„Ich glaube, wir müssen jetzt mal das Boot wegbringen", sagte ich nach einer Weile und suchte nach dem Paddel.

„Ja? – I c h könnte hier stundenlang bleiben. Diese Ruhe hier, herrlich", antwortete Ingrid, sah zu den Ästen hinauf und lächelte mich schelmisch an.

Wir ruderten hinüber zum Bootshaus, banden den Kahn unter der Veranda fest und gingen den sandigen Weg entlang, der um den See herum zu unserm Lagerplatz führte.

Als wir eine Zeit lang schweigend nebeneinander gegangen waren, sagte Ingrid, dass ich das nicht den andern erzählen solle, das mit dem Kuss.

„Ist doch klar. Der Kavalier genießt und schweigt", antwortete ich und war im selben Augenblick erschrocken über meinen großsprecherischen Ausspruch.

„Ich … ich meine, danke dafür und … und das soll unser Geheimnis bleiben."

Sie lächelte mich an, errötete bis an die Haarwurzeln und tastete vorsichtig nach meiner Hand.

Als wir bei den anderen ankamen, empfingen die uns mit: „Na, war's schön?" Und: „Ach, muss Liebe schön sein."

„Was i h r habt …", sagten wir und setzten uns demonstrativ weit voneinander auf unsere Decken.

Gegen sechs brachen wir auf. Ulli war schon vorgelaufen. „'Ne Gemeinheit ist das. Kuckt euch das an, die Säcke haben uns die Ventile herausgedreht", rief er uns schon von Weitem zu.

An Helmuts, Ullis, Ingrids, Christels und meinem Rad waren die Reifen platt. Aufpumpen ging nicht, die Ventile waren weg. Also schieben, fünf Kilometer.

Lotti und Marlies wollten mit uns laufen, aus Sympathie. Als wir am Habichtsforst auf die Straße einbogen, meinte die dicke Marlies, sie zöge es doch vor, mit ihrem Rad zu fahren. S i e müsse nämlich schon um sieben zu Hause sein. Lotti hielt tapfer durch, sie wolle bei Christel bleiben (fünftes Rad am Wagen).

Jetzt hatte Ulli sie am Hals, Lotti mit den Gurkenbeinen.

15. KAPITEL

Die Nibelungen

– Hunnen und Burgunder –

Wie in jedem Jahr, so hatte man auch in diesem Sommer wieder beim Schulsekretariat wegen Komparsen für die Freilichtbühne nachgefragt.

„Das Nibelungenlied" stand auf dem Programm.

Sie brauchten Hunnen und Burgunder.

Die Hunnen holten sie sich aus den Unter- und Obertertien.

Kleine, gedrungene Gestalten sollten es sein.

Die Burgunder wurden vorwiegend aus Oberprima rekrutiert.

Natürlich meldeten wir uns (Los, alle Mann hin!).

Zwei Mark pro Vorstellung gab's.

„Wir hatten gestern Vorstellung", war dann oft die Ausrede, wenn man seine Hausaufgaben nicht gemacht hatte. Ulli, Helmut, der dicke Beckmann und ich, wir gingen ins Lager der Hunnen, während Graf Bobby meinte, dass er bei seiner Größe wohl eher zu den Burgundern passe. König Etzels Hunnenvolk, das seien doch typische Asiaten gewesen, krummbeinig und von kleinem Wuchs. E r sei mehr ein nordischer Typ – und außerdem: Vielleicht bekäme man da mal ein Pferd unter den Hintern.

Selbstverständlich hatte Christel Müller sich auch gemeldet. Für sie fand sich aber nichts Passendes. Wenn es nach ihr gegangen wäre, so hätte sie die Krimhild persönlich gespielt. So gab sie sich schließlich damit zufrieden, bei den Hunnen als Krieger unterzutauchen. Das fiel ja gar nicht auf bei dem Kostüm. Und außerdem: Jeder große Schauspieler habe mal klein angefangen, von der Pike auf.

Die Hunnen erkannte man am nächsten Morgen in der Schule an den gelben Rändern am Hals und an den Ohren. Die Schminke hatte da ihre Spuren hinterlassen, wenn man es mit dem Abschminken und dem Waschen nicht so genau nahm. Da waren die Burgunder schon besser dran, keine Schminke, nur Perücken und falsche Bärte ankleben.

Nachmittags waren die Proben. Wir bekamen streng riechende Juteanzüge, die einem den Hals und die Arme wundscheuerten. Einen Schild und eine Art Pfannkuchenmesser dazu, das war das Schwert. Man stülpte uns zottelige, schwarze Perücken auf den Kopf und schminkte uns gelb wie Zitrone.

Die alte Burgruine bildete mit ihren Mauerresten, Torbögen und Büschen die Kulisse. Bei den Abendvorstellungen wurde sie durch Scheinwerfer malerisch angeleuchtet.

Bis zu unserm Auftritt fochten wir hinter den Kulissen mit unseren Pfannkuchenmessern Duelle aus oder veranstalteten auf dem Platz hinter der hohen Burgmauer mit den Pferden Reiterkämpfe. Dann schickte der Regisseur oft seinen Assistenten hinter die Kulissen. Wir sollten endlich Ruhe geben. Das Gepolter störe die Vorstellung und außerdem seien die Gäule nur Leihgaben. Die Bauern würden ihnen nämlich demnächst was husten, wenn sie die Pferde so abgehetzt wiederbrächten.

Bei Kriemhilds Rache hatten wir im letzten Akt gegen die Burgunder zu kämpfen. Wir sollten nur tüchtig mit den Schwertern klappern, damit sich das nach Kampfgetümmel anhöre, sagte der Regisseur bei den Proben.

Dann hatten wir Hagen von Tronje mit seinen tapferen Recken durch einen Torbogen zurückzudrängen, das war der Festsaal, in dem sie verbrannt werden sollten. Wir warfen brennende Fackeln von einer Mauer in die Kulissen.

Die Gemahlin Etzels ließ nun den Saal anzünden.
Da quälte man die Recken mit Feuer.
Das Haus wurde vom Wind schnell in Flammen gesetzt.

Die Feuersbrunst wurde durch bengalisches Licht und Scheinwerfer dargestellt. Die Recken im Festsaal hatten tierisch zu schreien.

Beim Kampf musste man, vom Schwert der Burgunder getroffen, plötzlich umfallen und auf Treppen oder Mauern liegen bleiben, bis die Scheinwerfer zu einer anderen Szene hinübergingen. Dann sollte man sich möglichst unauffällig hinter eine Mauer schleichen.

Ulli war mal, von den Toten auferstanden, mitten durch eine Szene geirrt.

„Ich glaube, es beginnt zu tagen, es erhebt sich ein kühler Wind …"

hatte Gieselher von Burgund nach dem großen Feuer im Saal gerade gesagt, da war Ulli hinter einem Gebüsch hervorgekrochen und hatte suchend in die Scheinwerfer geblinzelt. Ohne seine Brille hatte er wohl die Orientierung verloren. (Hunnen mit Brille? – Das gibt's doch gar nicht!)

Schallendes Gelächter auf den Zuschauerbänken. Der Regisseur hatte anschließend getobt. Welcher Idiot denn da bloß in die Szene gerannt sei. Die ganze Vorstellung sei geschmissen. Torfköppe seien wir und so was nenne sich nun Oberschüler.

Bei den nächsten Vorstellungen lotsten wir Ulli nach dem Gefecht sofort hinter die Kulissen, da konnte er kein Unheil mehr anrichten.

Graf Bobby, der Burgunder, renommierte im Burghof mit seinem Wallach, einem klapprigen Gaul, der nach den Vorstellungen wieder den Gemüsekarren von Obsthändler Jäger zog.
Kerzengerade saß er im Sattel und zog im leichten Trab seine Runden. Das Pferd müsse warm geritten werden, meinte er. Dann schwang er sich elegant aus dem Sattel, zog fachkundig das Zaumzeug fest und klopfte dem Pferd den Hals.
„Graf Bobby reitet für Deutschland" und „Pass auf, dass der Gaul nicht auf die Bühne äppelt" riefen wir ihm zu. „Krummbeiniges Hunnenpack", rief er ärgerlich zurück.

Graf Bobby hatte bei mir noch „was im Salz liegen" wegen des Nasenstübers an Kislers Baggerloch. Ich überlegte, wie ich diesem hochnäsigen Fatzke eins auswischen könnte, dass er noch lange daran denken solle. Den würde ich schon von seinem hohen Ross herunterholen.

Zur nächsten Vorstellung brachte ich meine Schleuder mit. Helmut hatte ich in meinen Plan eingeweiht. Auf der Böschung über dem Torbogen, der vom Burghof durch einen Wall direkt zur Bühne führte, legten wir uns hinter einem Felsen in Deckung. Von hier konnte man die Bühne übersehen, ohne von da oder vom Zuschauerraum gesehen zu werden.

Hagen von Tronje stand mit seinen Mannen auf der Freitreppe und empfing die tapferen Recken der Burgunden mit Dietrich von Bern an der Spitze und Graf Bobby im Gefolge.

Kriemhilds Rache sollte auch meine sein.

> *„Nein, ihr hunnischen Recken. In Treue rate ich Euch, nichts von dem zu tun, worauf Ihr Euch jetzt einlassen wollet!"*

Während sie von Hagen von Tronje gebührend empfangen wurden, zog ich meine Schleuder aus der Tasche. Graf Bobby stand nur zwanzig Meter von mir entfernt, genau in meiner Schusslinie. Das Hinterteil seines Pferdes stand rund wie eine Zielscheibe vor mir. Ich zielte lange und genau.

> *„Ich will Euch keine Gnade gewähren!*
> *Auch Ihr seid mir nicht gnädig gewesen …"*

Der Stein klatschte auf die Kruppe von Jägers Wallach. Das Pferd zuckte zusammen, ging hinten hoch, keilte aus. Graf Bobby rutschte nach vorn, klammerte sich am Hals fest, rutschte ab und saß am Boden.

Da stiegen – und so geziemt es sich – viele Ritter und
Knappen zusammen mit Dietrich vom Pferd …

Laut wiehernd galoppierte das Pferd an den aufgeschreckten Burgundern vorbei, durch das offene Burgtor, schlug mit den Hufen Funken auf dem Kopfsteinpflaster und wurde schließlich, einige Straßen weiter, von ein paar beherzten Männern eingefangen.

Das Publikum brüllte vor Lachen. Graf Bobby rappelte sich verlegen grinsend auf und reihte sich humpelnd in das Gefolge Dietrich von Bern ein.

„Das schadet einem Helden nicht …"

Helmut und ich, wir zogen uns heimlich und schadenfroh wieder hinter die Burgmauer zurück.

„Welcher Torfkopp war denn das wieder?", brüllte der Regisseur nach der Vorstellung.

Von da ab gehörte Graf Bobby wieder zum Fußvolk.

16. KAPITEL

Kohlenklau

Im Herbst gab's Versetzungszeugnisse. Ich hatte mich in Mathematik und Latein auf eine Vier gerettet.

(Arbeiten, arbeiten, arbeiten!)

Damit war ich aus dem Schneider und in der Obertertia. Fast alle hatten es geschafft, nur Ulli Getberg und der kleine Stengel mussten noch mal eine Ehrenrunde in der Untertertia drehen. Mit seiner Fünf in Mathematik und der Sechs in Latein war Ulli auch bei allem Wohlwollen nicht über die Hürde gekommen.

(discipulus paptus = der Sitzenbleiber)

Bulle Galewski war schon vor den Zeugnissen abgegangen. Genau genommen war er von der Schule geflogen, man hatte ihn „geschasst".

Als er immer öfter die Schule schwänzte und seine Leistungen rapide in den Keller gingen, hatte Studienassessor Blömeke ihn zur Seite genommen und ihm die Leviten gelesen. Er solle sich das mal gründlich überlegen. Es kämen auch mal wieder andere Zeiten, dann käme es darauf an, dass man eine gute Bildung habe (Wissen ist Macht). Schwarzhandel und materielle Güter seien dann nicht mehr das Wichtigste im Leben. Das zählte, was man an geistigen Gütern aufzubieten habe. Zu allen Zeiten sei das so gewesen, in guten und in schlechten. In der Gefangenschaft habe i h m das auch oft geholfen.

Bulle hate sich das mit gutgläubigem Gesicht angehört, ab und zu genickt und war dann wieder in den alten Trott verfallen (zum einen Ohr rein – zum anderen raus).

Wir hatten Latein bei Magister Longus. Bulle hing, wie gewöhnlich, gelangweilt in seiner Bank und kritzelte Gesichter auf sein Heft.

Er solle „übersssetzen": De interitu urbis Troiae.

Bulle sagte, dass er da gerade gefehlt habe, er könne das nicht.

„Nun gut – aber die a-Deklination mit casa, d i e wird er ja wohl noch hersagen können, was?"

Bulle zog sich an seinem Tisch hoch: „Klar, kann ich. Äh ... cas-a, case – Käse ..."

Magister Longus war wutschnaubend auf Bulle losgestürzt und schlug ihm mit dem Lehrbuch (Ars Latina) im Takt der Deklination auf den Kopf „... casae – casam – casa – casa!"

Als er zum letzten Schlag ausholte, war Bulle aufgesprungen, hatte Magister Longus das Buch aus der Hand gerissen und einen klassischen Aufwärtshaken auf seiner Kinnspitze gelandet.

Zöberlein taumelte, griff mit der rechten Hand zum Kinn und stützte sich mit der linken an der Bank ab. Aschgrau war er im Gesicht. Dann schnappte er nach Luft und schrie mit sich überschlagender Stimme: „Galewski, wir gehen zusammen zum Direktor! Un-glaub-lich ist das – unglaublich!"

Bulle hatte aber schon seine Bücher zusammengerafft und war aus der Klasse gelaufen. Von da an haben wir ihn in der Schule nicht mehr gesehen.

Wir bekamen einen anderen Lateinlehrer, einen Gemütsmenschen, dem fielen oft im Unterricht die Augen zu. Den nannten wir Teddy.

In den Wintermonaten saßen wir oft in Mantel, Schal und Mütze in der Klasse. Mit klammen Fingern schrieben wir unsere Klassenarbeiten. Die Kokslieferung war wieder mal ausgeblieben (Mutter, der Mann mit dem Koks ist da ...).

Manchmal schickte man uns nach Hause (koksfrei), aber da war es oft auch nicht viel wärmer.

Brennmaterial gab's nur auf Bezugschein, und das reichte nicht hinten und vorne. Der Kohlenhändler zuckte nur mit den Schultern. E r könne sich auch keine Briketts aus den Rippen schneiden.

Die Kohlengebiete in Oberschlesien und im Saarland waren für den westdeutschen Raum ausgefallen. Das Ruhrgebiet hatte die Kohleversorgung zu übernehmen, dabei mussten die Reparationsleistungen und der von den Alliierten aufgestellte Industrieplan mit Vorrang erfüllt werden. Für die Zivilbevölkerung blieb da nicht mehr viel übrig. Man musste selbst sehen, wie man über den Winter kam, wenn man nicht erfrieren wollte.

Viele Eisenbahnstrecken waren nach dem Kriege noch nicht wieder in Betrieb. Die Kohlenzüge fuhren nur auf den wenigen Hauptstrecken.

Eine dieser Strecken verlief nur einige hundert Meter an Langenburg vorbei. Zuerst stieg sie an, da mussten die Züge ordentlich kraxeln, dann führte sie durch einen langen Tunnel und ging schließlich weiter in Richtung Norden.

Einmal am Tag kam ein Zug, der die Kohle vom Ruhrgebiet zu den Häfen in Norddeutschland brachte, wo sie nach Übersee verfrachtet wurde (Reparationsleistung).

Über welche dunklen Kanäle die Durchfahrzeiten bei der Bevölkerung durchsickerten, blieb schon damals ein Geheimnis. Jedenfalls zogen plötzlich Leute mit Rucksäcken, Handwagen, Schubkarren und sogar mit Pferdefuhrwerken an den Bahndamm, wo der Schienenstrang anstieg und bald darauf im Tunnel verschwand. Sie lagen im Graben oder hinter Büschen, bis irgendjemand „Er kommt!" rief.

Junge Männer sprangen dann während der Fahrt auf die Waggons und warfen, so schnell sie konnten, Briketts oder Kohlebrocken herunter. Erst im Tunnel sprangen sie meist wieder ab.

Oft hieß es, dass wieder einer zwischen die Puffer und unter die Räder gefallen sei – total zerstückelt.

Oder einem war das Bein abgefahren worden.

In der Zwischenzeit sammelten die anderen am Bahndamm die Kohlen auf. Da kam es oft zu Schlägereien.

Gut organisierte Springer- und Sammlerkolonnen setzten sich da durch.

Bulle Galewski hatte manchmal davon erzählt, dass er und seine Brüder den Bogen raushätten. Einmal habe er sogar eine Waggontür aufreißen können. Da habe man vorher an der Steigung die Schienen mit Wagenschmiere eingerieben. Die Lok habe gefaucht wie ein altes Walross, kaum von der Stelle gekommen sei der Zug. Der ganze Ramsch den Bahndamm runter. Sie hätten gar nicht so schnell abräumen können, wie da Kohle gelegen habe. Damit habe er dann kompensiert: Zigaretten, Schnaps und Anzugstoff.

Manchmal wurden die Züge durch Militär oder Bahnpolizei gesichert. Zuletzt ließ man die bekannten Springerstrecken durch Bahnpolizei bewachen. Da war dann nichts mehr mit Kohleklau.

Ich hatte Helmut gefragt, ob er da mitmache: Kohlenklau am Bahndamm.

Zuerst meinte er, auf einen fahrenden Zug zu springen, dass sei ihm zu gefährlich. Ich erklärte ihm, dass wir doch nur sammeln gehen wollten, etwas fiele dabei immer ab.

Siehst du die Vögel am Himmel? Sie sähen nicht, sie ernten nicht und unser himmlischer Vater ernähret sie doch.

Bevor er sich im Winter Frostbeulen holte, mache er schon lieber mit.

Der dicke Beckmann meinte, sein Onkel, der Hauer auf Zeche Dickebank sei, bekäme Deputatkohle, und da fielen immer ein paar Zentner ab. Nein, e r habe das nicht nötig.

Mit zwei alten Einkaufstaschen und einem Leiterwagen, den ich mir bei Opa Schmerkötter ausgeliehen hatte, zogen wir zum Bahndamm. Gegen halb vier sollte der Güterzug kommen, hatte man gemunkelt.

Den Handwagen ließen wir oberhalb des Bahndamms hinter einem Gebüsch stehen und rutschten mit unseren Taschen die Böschung hinunter. Auf der anderen Seite der Gleise fiel der Bahndamm steil ab. Auf halber Höhe blieben wir hinter einem

Ginsterbusch hocken. Überall sah man Männer mit Rucksäcken und Frauen mit Kopftüchern und großen Taschen. Ein paar Jungen liefen mit einem Jutesack unter dem Arm die Schienen ab, die suchten zwischen den Gleisen nach Kohlestückchen. „Weg da, von den Schienen, ihr Dösköppe. Wollt wohl übern Haufen gefahren werden, was?", rief ihnen ein Mann zu. Die Jungen rannten die Böschung hinunter. „Bahnpolizei ist wohl heute nicht da", sagte ich, „sonst wären nicht so viele Kohlenklauer hier." Helmut nickte und suchte sich einen Stein zum Sitzen.

„So langsam kriege ich kalte Füße", sagte er nach einer Weile, „wann kommt denn nun der Zug?"

„Abwarten und Tee trinken", antwortete ich, „wird schon kommen, keine Bange."

Irgendjemand hatte „er kommt" gerufen. Mit langer, weißer Dampfwolke kam die Lokomotive den Berg hinaufgeschnauft. Als sie fast bei uns war, sahen wir, dass sie mehrere, mit Menschen vollgestopfte Personenwagen hinter sich herzog. Viele hingen auf den Trittbrettern oder klammerten sich auf den Puffern fest. Einige saßen mit ihren Koffern und Taschen sogar auf den Dächern.

„Denkste – Kohlenzug."

Ein paar Leute winkten und riefen etwas, was wir aber nicht verstehen konnten.

„Wenn die ankommen, haben die Eiszapfen in der Hose", sagte ich und hauchte meine Finger warm.

Die Frauen mit Kopftüchern und die Männer mit Rucksäcken krochen vom Bahndamm wieder enttäuscht hinter die Büsche. „Muss aber noch kommen, der Kohlenzug", sagte ich, „sonst würden d i e hier nicht mehr rumkrabbeln."

„Jedenfalls spür ich schon j e t z t meine Füße nicht mehr", sagte Helmut und band seinen Schal fester.

„Mit Geduld und Spucke fängt man eine Mucke", antwortete ich.

Nach einiger Zeit kam wieder Bewegung in den Bahndamm.

„Er kooooommt."

Mühsam **hastete** die Lokomotive den Berg hinauf. Manchmal rutschte sie mit den Rädern auf den Schienen ab, dann blies sie schnellfauchend weißen Dampf in den grauen Winterhimmel.

RÄDER MÜSSEN ROLLEN FÜR DEN SIEG!

stand noch daran, das hatte man wohl vergessen zu überpinseln. Auf einem der Waggons stand plötzlich ein Mann in englischer Militäruniform, die MP im Anschlag.

„Go, go, I'll shut you down, you bloddy bastards. – Go away!"

Die Kopftuchfrauen, die Rucksackmänner und die beiden Jungen mit dem Jutesack rannten den Bahndamm hinunter und verschwanden in dem angrenzenden Wäldchen. Drei junge Männer in Überfallhosen und mit Bommelmütze ließen sich anscheinend nicht einschüchtern, sie liefen über die Schottersteine neben den langsam dahinrollenden Waggons her, schwangen sich auf die Trittbretter und kletterten katzenartig hinten an den eisernen Leitern hoch. Dann warfen sie hastig mit beiden Händen Briketts von den Wagen.

Wir hatten uns hinter unserm Ginsterbusch ganz kleingemacht und wagten kaum uns zu bewegen.

Als der Zug schon fast an uns vorbei war, lugte ich vorsichtig über das Gebüsch. Ich glaubte, ich sähe nicht recht, der englische Soldat da, das war – Bulle Galewski.

Die MP hatte er abgelegt und half emsig, Kohlen vom Waggon zu werfen.

„Mensch, das ist Bulle!", sagte ich wie geistesabwesend.

„Was? – Wo?", antwortete Helmut und sah mich verständnislos an.

„Da, der Tommy – das ist Bulle!"

Helmut wagte jetzt auch einen Blick über den Ginster.

„Ich werd verrückt. Tatsächlich, was macht d e r denn für 'n Spielchen?"

„Nachtigall, ick hör' dir trapsen. – Der will den ganzen Ramsch für sich alleine haben. Absahnen für sich und seine Kumpel. – Aber nicht ohne uns!"

Der Zug hatte fast den Tunnel erreicht.

„Los, komm mit!", raunte ich Helmut zu und rannte die Böschung hinunter. Unten begannen wir rasch die Kohlen in unsere Taschen zu packen.

„Hey! I'll shut you down! – Go away …", rief jemand vom Tunnelausgang.

„Kannst ruhig deutsch mit uns sprechen, Bulle!", rief ich zurück. Zwei Burschen, die Kohle von den Waggons geworfen hatten, kamen auf uns zugelaufen. „Haut ab hier! Das hier ist unser Ramsch. – Verschwindet, aber etwas plötzlich!"

Inzwischen war auch Bulle nähergekommen. Stand da in seinem khakifarbenen Blouson und dem schwarzen Barett auf dem Kopf und sah uns fassungslos an.

„I h r ? Mensch, haltet bloß die Schnauze, klar? Wenn das rauskommt …"

„Klar, wenn für uns was abfällt", sagte ich und grinste ihn triumphierend an.

„Ja, ja, schon gut. Ist ja genug da."

Wir packten unsere Taschen voll, hasteten die Böschung hoch, schleppten die Kohlen zum Leiterwagen und kletterten wieder den Bahndamm hinunter, wo Bulle mit seinen Kumpanen schon vier Säcke voll Briketts zusammengetragen hatte.

Vorerst hatten wir zu Hause wieder was zum Brennen.

„Junge, mach das nicht noch mal, hörst du?", sagte meine Mutter. „Das ist viel zu gefährlich und überhaupt, das ist ja schon fast kriminell."

Ich sagte, dass Vater das ja nicht unbedingt wissen müsse und dass das Kohle sei, die die Tommys u n s ja klauten. Wir würden sie uns nur wiederholen, eine Art Notwehr sei das.

Am nächsten Tag saßen wir wieder im Mantel und mit blaugefrorenen Fingern bei Blömeke im Unterricht.

„Wer zeichnet mal ein rechtwinkliges Dreieck an die Tafel? Mit den Seiten a = 36 cm und b = 54 cm? – Wie groß sind die Winkel ß **und?**"

17. KAPITEL

Ein geheimer Fund

Nach den Weihnachtsferien war Studienassessor Blömeke versetzt worden. Er habe es leider nicht verhindern können, sagte er, als er sich von uns verabschiedete. Er müsse sich für seine Planstelle als Studienrat erst noch woanders die Sporen verdienen.

Manchmal habe er ja fast mit uns die Pimpernelle gekriegt, aber im Grunde seien wir schon in Ordnung, wir sollten nur so bleiben.

Frau Studienrat Müller-Cloppenburg übernahm unsere Klasse. Mathilde mit der feuchten Aussprache oder „das Lama" nannten wir sie.

„Fischers Fritze fischt frische Fische", ob sie das mal sagen könne, hatte ich sie scheinheilig gefragt, als sie zufällig neben Graf Bobbys Bank stand.

Was d a s nun wieder solle, hatte sie geantwortet, aber dann sagte sie es doch, verhaspelte sich und deckte Graf Bobby mit einem wahren Sprühregen ein. Wir lachten und sie lachte mit. Graf Bobby aber fuhr sich mit dem Ärmel demonstrativ durchs Gesicht und wienerte an seinem Tisch.

In ihrer Nähe roch es nach Mottenkugeln. Wenn sie vor einem stand, hielt man die Luft an (mir wird ganz anders).

Überhaupt hatte sich einiges geändert in unserer Klasse: Bulle Galewski, Ulli Getberg und der kleine Stengel waren nicht mehr dabei.

Graf Bobby rauchte seit einiger Zeit Zigaretten „Marke Eigenbau" (Grobkrüllschnitt: selbstgehackte Blätter, in Pflaumensaft gebeizt), denn seine Schwester hatte dem Tommy den Laufpass gegeben. Da war nichts mehr zu holen.

Der dicke Beckmann aß auch wieder „Knifte, belegt mit Daumen und Zeigefinger". Sein Vater hatte sich mit seinem Onkel, der Hauer auf Zeche Dickebank war, verkracht. Da fiel von den Care-Paketen und der Deputatkohle nichts mehr ab.

Ich „ging jetzt fest" mit der schönen Ingrid, so wurde jedenfalls von allen behauptet.

Zuerst hatte man fingierte Liebesbriefe in der Klasse herumgereicht: Zwei verschlungene Herzen mit Charly und Ingrid signiert. ICH LIEBE DICH! stand in großen Lettern darunter. Man kicherte und reichte sie unter der Bank weiter. Einige davon konnte ich abfangen, doch dann hatte „das Lama" einen in die Finger bekommen. „Jacobi, gib das da mal her!", hatte sie gesagt und Graf Bobby hatte ihr grinsend den Zettel überreicht.

„Sollte ich nur weitergeben." (Postillon d'amour).

Ingrid und ich, wir sollten nach der Stunde mal dableiben, hatte sie gesagt.

Mit hochroten Köpfen standen wir dann vor ihrem Katheder. Für so was seien wir doch noch viel zu jung, sagte sie, und von Ingrid habe sie das schon gar nicht erwartet.

(Oh, diese Mottenkugeln.)

Wir beteuerten, dass w i r das mit dem Brief nicht gewesen seien, man wolle uns nur was unterschieben. Üble Scherze seien das, um uns etwas anzuhängen.

Eigentlich sei das ja auch nicht so schlimm, nur könne so was ausufern, meinte sie. Ja, S i e habe auch mal eine große Liebe gehabt, an der sei sie beinahe zerbrochen, seufzte sie. Liebe, das müsse mal erst reifen, reifen wie eine Rose oder wie ein Apfel, sagte sie. Sie bekam feuchte Augen, eine rote Nase und suchte hastig nach einem Taschentuch, dann konnten wir gehen.

Von da ab gingen wir fast täglich gemeinsam vom Bahnhof zur Schule, und wir trafen uns in der Pause manchmal an der Turnhalle. Die anderen gewöhnten sich bald daran und man ließ uns in Ruhe.

Helmut wohnte mit seiner Mutter und seinen Geschwistern immer noch in dem Behelfsheim mit den durchgenagten Dielenbrettern. Der Mann vom Wohnungsamt hatte den Mund wohl zu voll genommen. (Der Flüchtlingsausweis ist ja Gold wert.)

Im Frühjahr würde es aber bestimmt klappen, sagte Helmut. Das habe man seiner Mutter beim Wohnungsamt verbindlich zugesagt.

In den Wintermonaten des Jahres 1948 kam Helmut meist zu mir nach Hause, da war es wärmer und auch gemütlicher als in seinem Behelfsheim. In meinem Zimmer machten wir gemeinsam unsere Hausaufgaben.

„Na, lernt ihr schön? – Mögt ihr vielleicht noch 'ne Tasse heiße Milch?", fragte meine Mutter dann oft und steckte den Kopf durch die Tür.

Manchmal klingelte Ulli. (Ist Charly da?) Der konnte sich in seiner neuen Klasse wohl noch nicht zurechtfinden.

„Das sind vielleicht infantile Typen da, der reinste Kindergarten", sagte er und putzte seine beschlagene Brille blank.

An diesem Tag saßen wir wieder zusammen auf dem Teppich in meinem Zimmer, die dampfenden Milchtassen zwischen den verschränkten Beinen.

Ulli erzählte, dass er vor ein paar Wochen in der Tannenschonung hinter der alten Ziegelei eine tolle Entdeckung gemacht habe. Bisher habe er darüber geschwiegen wie ein Grab, aber u n s wolle er es jetzt mal anvertrauen.

„Ich kann euch sagen, da liegt jede Menge Stangenpulver rum. Muss wohl kurz vor Kriegsende 'ne Artilleriestellung gewesen sein. Mindestens zehn bis zwanzig Beutel, solche Dinger!", sagte er und deutete die Höhe an.

Er habe die damals sofort in Sicherheit gebracht, unter einem Holzhaufen. Die müssten da noch liegen, wenn sie keiner geklaut habe. Gut verpackt, trocken und sicher. Ob wir da nicht mal hingehen wollten, solange es noch hell sei.

Ich rief meiner Mutter durch die Küchentür zu, dass wir noch mal raus wollten. Sie sagte, ich solle nicht so spät nach Hause kommen, spätestens um acht, dann sei es ja auch schon dunkel. Mit Dampf vor der Nase stapften wir dick vermummt über die Landstraße, die zur alten Ziegelei führte. In der Mitte war eine Fahrspur freigefegt. Links und rechts türmten sich schmutzig-graue Schneehaufen.

Manchmal kam ein Auto vorbei, dann spritzte der Schneematsch auf, und wir mussten in den Straßengraben flüchten.

„Da hinten muss das sein", sagte Ulli, als wir über die halbverfallene Mauer hinter der Ziegelei geklettert waren. In dem kniehohen Schnee arbeiteten wir uns durch die Tannenschonung, drückten schneebedeckte Äste zur Seite und zogen den Kopf ein, wenn uns der Schnee auf die Mütze und in den Kragen fiel.

Als wir auf eine Lichtung kamen, deutete Ulli auf einen zugeschneiten Bretterhaufen.

„Da drunter liegt das Zeug!"

Wir schaufelten mit den Händen den Schnee beiseite und hoben zusammengefrorene Bretter ab.

„Wenn du uns 'nen Bären aufgebunden hast, dann machst du was mit", sagte ich ungeduldig als wir den Haufen fast abgeräumt hatten.

„Nein, ehrlich, das Zeug muss da noch liegen", antwortete Ulli und wischte sich mit dem eisverkrusteten Ärmel einen Tropfen von der Nase.

„Ich glaube, wir sind fündig", rief Helmut plötzlich.

Er schob den Schnee zur Seite und zog einen feldgrauen Leinenbeutel hervor.

„Das ist das Pulver", rief Ulli triumphierend und zerrte auch die anderen Beutel aus dem Holzhaufen.

Sechzehn Leinensäcke, armdick mit Stangenpulver gefüllt.

„Mööönsch, das sind ja Klamotten …", sagte ich, öffnete mit blau gefrorenen Fingern einen Beutel und ließ die Pulverstangen herausgleiten.

„Kuck mal, wie Spaghetti!"

„Pass auf, dass das Zeug nicht nass wird!!", sagte Ulli. Während wir uns die Hände warm klopften, überlegten wir, was wir mit dem Pulver anfangen wollten und vor allen Dingen, wie wir es wegschafften.

Wenn uns jemand damit erwischte, wären wir geliefert. Besitz von Kriegswaffen und Sprengstoff war von der Militärregierung strengstens verboten worden und konnte mit dem Tode bestraft werden.

Aber wir konnten ja immer noch sagen, dass wir auf dem Wege seien, das Pulver bei der Standortkommandantur abzugeben.

Plötzlich hatte ich eine Idee:

„Hört mal zu, Leute! Ihr kennt den Stollen, der am Steinbruch in den Berg geht? Der ist doch damals, als die Tommys einmarschierten, beim Artilleriebeschuss verschüttet worden. Wie wär's, wenn wir den mal freisprengen. Wer weiß, was da alles noch drin liegt. Was meint ihr?"

„Keine so schlechte Idee, aber wie willst du das anstellen? Kannst d u so was?", fragte Ulli.

„Kannst du annehmen. Hab mal was darüber gelesen: Man muss nur die richtige Menge Sprengstoff haben, alles schön verdämmen und 'ne möglichst lange Zündschnur, dann kann gar nichts schiefgehen."

„Aber wenn nun einer den Knall hört? Der glaubt doch, da wird geschossen oder so und alarmiert den Tommy, was dann?", gab Helmut zu bedenken.

„Wir müssen eben aufpassen, verstehst du? Holzauge sei wachsam."

Schließlich waren wir uns einig: Noch bevor es dunkel würde, wollten wir das Pulver abtransportieren. Ulli sollte seinen Schlitten holen und einen Sack mitbringen, er wohne ja am nächsten dran.

Helmut und ich, wir sagten, dass wir hier warten wollten, damit uns keiner das Zeug klaut.

Murrend stapfte Ulli los.

„Beeil dich bloß, du Schlummerrolle, sonst kriegen wir hier noch Eiszapfen anne Büx!", rief ich ihm nach.

„'N alter Mann ist doch kein D-Zug!", rief Ulli zurück, dann verschwand er hinter den verschneiten Tannen.

Ich machte Helmut den Vorschlag, in der Zwischenzeit das Pulver zur Ziegelei zu tragen. Da könnten wir dann auf Ulli warten. Wir schleppten und zogen die schweren Beutel mit dampfendem Atem durch den Schnee, warfen sie über die Mauer und türmten sie in der Ziegelei neben einem Holzpfeiler auf, der das herabhängende Dach mühsam stützte. Dann kletterten wir in einen leeren Backsteinofen. Da war es warm und man konnte die Straße gut übersehen, auf der Ulli mit seinem Schlitten zurückkommen musste. Mit angezogenen Knien saßen wir da und hatten den Kragen hochgeschlagen. Draußen blies der Wind den lockeren Schnee in kleinen weißen Wirbeln über die Landstraße und über umgepflügte Äcker.

„Ganz gemütlich hier, nicht?", sagte Helmut.

„Kann mir was Besseres vorstellen", antwortete ich und rieb mir die Ohren warm.

„Als wir damals weggemacht sind von Schlesien", begann Helmut nach einer Weile, „da haben wir auch in Scheunen übernachtete, richtig mollig war das manchmal unter dem Stroh. Nur nachts, da liefen einem oft die Ratten und Mäuse über den Bauch. – Einer hat dann mal ein Streichholz angezündet. Wollte sehen, was da so 'rumläuft. Plötzlich stand das Stroh in Flammen. Wir haben alle versucht, mit Decken und Mänteln das Feuer auszuklopfen, aber es hat nichts genützt. Dann stand die ganze Scheune in Flammen – alle rannten raus. Eine Frau suchte ihre Tochter. ‚Hannelore, Hannelore‘ und ‚Ich will mein Kind wiederhaben, wo ist mein Kind?‘, schrie sie immer wieder. Richtig grausig war das.

Meine Mutter hat uns an sich gedrückt. Wir saßen da auf unseren Habseligkeiten und haben uns das Feuer angesehen, wie dann die ganze Scheune in sich zusammenbrach. – So was vergisst man nicht, im ganzen Leben nicht."

„Kann ich verstehen", sagte ich. „Aber das mit den Bombenangriffen hier im Westen, das war auch kein Zuckerlecken: Jede

Nacht in 'n Bunker. Nur in voller Montur in die Betten. Kaum war man eingeschlafen: Rin in den Bunker! – Dann die Bombenteppiche. Wenn das Licht anfing zu flackern und schließlich ausging und der Putz von der Decke rieselte und draußen die Bomben krachten – mein lieber Scholli, jedes Mal hast du geglaubt, jetzt schlägt dein letztes Stündchen. Und dann die Schreierei von den Frauen und Kindern. – Die alte Frau Schäfer aus der ersten Etage in unserm Haus, die saß jedes Mal zusammengesunken da und betete den Rosenkranz,Heilige Maria, Mutter Gottes, bitte für uns Sünder ...' oder so was. Du dachtest, du wärst auf deiner eigenen Beerdigung."

„Muss auch schlimm gewesen sein", sagte Helmut leise, dann saßen wir schweigend nebeneinander und hingen unseren Gedanken nach.

Ich pustete den Atemdampf durch die zum Trichter geformten Hände: „Kuck mal, qualmt wie 'ne Fluppe!"

Helmut versuchte Rauchringe zu blasen, aber das ging nicht. Dann pfiff er leise vor sich hin:

‚Wildgänse rauschen durch die Nacht ...'

„Hast du schon mal 'n Mädchen geküsst?", fragte er dann.

Ich sah ihn überrascht an und sagte wie selbstverständlich: „Klar – schon oft."

„Ich noch nicht – wie ist denn das?", wollte er wissen.

„Och – äh, nicht besonders", antwortete ich und blies wieder Dampfwolken in die kalte Winterluft.

Nach einer Weile räusperte er sich: „Äh – was ich sagen wollte, hast du die Ingrid schon mal geküsst?"

Ich merkte, wie mir das Blut ins Gesicht schoss und log: „Sicher – klar."

„Wie oft?"

„Mensch, weiß ich nicht mehr", sagte ich ärgerlich und sprang aus dem Backsteinofen. „Hoffentlich kommt diese taube Nuss von Getberg bald", versuchte ich abzulenken und hüpfte auf den Fußballen, um das Blut in meinen Beinen wieder in Gang zu bringen.

„Ist nett, die Ingrid. Kann dich verstehen", bohrte er weiter.

„Ja, ganz nett."

Helmut war nun auch aus dem Ofen gesprungen.

„Könnte m i r auch gefallen."

„Ja? – Kommst leider zu spät – kapiert?", sagte ich giftig. „Und jetzt lass mich gefälligst mit dem Quatsch in Ruhe!"

„War ja nicht so gemeint. – Die Christel, die gefällt mir ja auch ganz gut, aber die ist so kratzbürstig."

„Ist d e i n Problem."

Ich rannte bis zur Straße, kam zurück und raffte Schnee zusammen.

„Äh – Helmut!", rief ich und warf ihm einen Schneeball gegen die Mütze. Wir drückten Schnee zu Bällen zusammen und bald war die herrlichste Schneeballschlacht im Gange. Wir liefen aufeinander zu, scharrten uns wie die Hunde Schneewolken ins Gesicht, wälzten uns schließlich in einer Schneewehe und stopften uns gegenseitig die weiße Pracht in den Kragen. Wir prusteten, spuckten in den Schnee und lachten.

„He, ihr Säcke!", hörten wir Ulli schon von Weitem rufen, der kam da auf der Straße mit seinem Schlitten angehastet.

Wir stopften die Pulverbeutel in den Sack, den Ulli mitgebracht hatte, packten alles auf den Schlitten und zogen damit zum Steinbruch. In der Nähe des Stollens versteckten wir alles unter einem Gebüsch und deckten Schnee darüber.

Es war schon dunkel, als wir durch den knirschenden Schnee zur Stadt zurückstapften. Ulli immer noch mit dem Schlitten. Bis zum City-Kino gingen wir, da verabredeten wir uns für den nächsten Nachmittag. Jeder sollte eine Taschenlampe oder eine Kerze mitbringen. Ulli meinte, man sollte eine Wäscheleine mitnehmen, die könnten wir am Stolleneingang anbinden und das andere Ende hinter uns herziehen. Man könne ja nicht wissen, welche verschlungenen Gänge es da gäbe. So fänden wir jedenfalls immer den Ausgang wieder.

„Du bist gar nicht so dumm, wie du aussiehst", sagte ich, dann rannten wir nach Hause.

18. KAPITEL

Gefährliche Spiele und eine grausame Entdeckung

– Der Stollen –

Wir trafen uns am nächsten Nachmittag an der alten Post. Ulli hatte sich einen Brotbeutel an einem Lederriemen quer über die Schulter gehängt. Seine Einsatztasche sei das. Kerzen, eine Wäscheleine und Streichhölzer hatte er mitgebracht. Für den Fall, dass einer verletzt würde, habe er Verbandsmull und Heftpflaster bei sich.

Helmut trug einen Klappspaten unter seinem Mantel und ich hatte mir Streichhölzer und die alte Dynamotaschenlampe eingepackt, die wir immer mitgenommen hatten, wenn wir in den Luftschutzbunker gerannt waren.

Der alte Timmermann, der Pförtner bei Adlers Schraubenfabrik war, kam mit seiner Schiffermütze und schwarzen Ohrenklappen vorbei. Der hatte Frühschicht gehabt.

„Na, ihr Bären, was heckt ihr denn nun schon wieder aus, was?"

„Tag, Herr Timmermann", sagten wir im Chor und strahlten ihn freundlich an.

Der alte Timmermann schlurfte weiter durch den Schnee, manchmal rutschte er auf den Eishöckern aus.

„I h r habt doch immer was drauf, ihr doch immer", sagt er verschmitzt lächelnd, dabei drohte er scherzhaft mit seinem gichtigen Finger.

Wir zogen die Bergstraße hoch bis zum Wasserturm, dann mussten wir nach rechts in den Fahrweg abbiegen, der durch den Wald zum Steinbruch führte.

„Hier ungefähr muss der Eingang sein", sagte ich und kratzte mit dem Fuß den Schnee zur Seite.

Helmut hackte mit seinem Klappspaten in dem hartgefrorenen Boden herum, schaufelte die lockere Erde weg und stieß bald auf ein Stück Ziegelsteinwand.

„Kuckt mal, das muss der Türbogen von dem Eingang sein", sagte er und schlug mit dem Spaten gegen einen Stein, dass Funken absprangen.

Wir räumten das Geröll so weit weg, bis zwischen dem oberen Eingangsgewölbe und dem Schuttberg eine Höhle entstand.

„Hier müssen wir die Sprengladung ansetzen", sagte ich.

„Zwei bis drei Beutel dürften ausreichen. – Los, Ulli, hol' das Zeug mal her!"

Wir schoben zwei Pulversäcke weit in die Höhle, einen dritten legte ich an den Anfang, sodass die größte Pulverladung im hinteren Bereich, unter dem gemauerten Teil zu liegen kam. Dann schleppten wir dicke Steinbrocken heran, packten sie vor die Öffnung und verdämmten alle Fugen und Ritzen mit Erde und Schotter. Aus dem letzten Beutel ließen wir ein paar Pulverstangen als Lunte herausgucken.

„Wie willst du das denn zünden?", fragte Ulli. „Der ganze Kram fliegt dir doch sofort um die Ohren."

„Abwarten, mein Freund, abwarten!"

Ich riss einen weiteren Pulverbeutel auf und legte das Stangenpulver wie eine Kette von der Ladung her in eine schmale Rinne, die ich vorher von Schnee freigemacht hatte.

„Schon mal was von Zündschnur gehört?"

„Und du meinst, das funktioniert?"

„Kannste Gift drauf nehmen."

Ulli und Helmut sollten sich schon mal verziehen, sagte ich. Hinter einem Baum oder einem Erdwall oder so.

Schnauze in den Schnee, wenn ich „volle Deckung" riefe.

Ich würde dann die Lunte zünden und mich auch möglichst schnell verkrümeln.

Ulli sagte, er wolle sich da hinten in den ausgetrockneten Graben legen, er ginge schon mal. Der hatte wohl mehr Schiss als Vaterlandsliebe.

Helmut hockte sich in respektabler Entfernung hinter eine dicke, umgestürzte Buche (Buchen sollst du suchen ...).

Ich hatte mir schon eine sichere Deckung hinter einem Schotterhaufen ausgesucht, der ungefähr zwanzig Meter weiter aufgeschüttet war und den ich schnell erreichen konnte. Meine durchnässten Wollhandschuhe steckte ich in die Tasche, rieb und hauchte mir die blaugefrorenen Finger warm und kramte die Streichhölzer hervor. Beim Versuch, sie anzuzünden, brachen mir etliche ab. „Verdammter Mist." Die waren anscheinend beim Schneeschaufeln feucht geworden. Dann aber flammte eines auf. Schützend hielt ich die Hände um die kleine flackernde Flamme und führte sie zum Ende der Lunte. Es dauerte einen Augenblick. Gespannt hielt ich die Luft an, dann sprühte ein heller Feuerschein hervor, der sich schnell auf die Sprengladung zubewegte. Einige Sekunden blieb ich noch stehen, um sicherzugehen, dass unsere Lunte funktionierte, dann schrie ich: „Volle Deckung", und rannte los. Ich kroch eilig den Schotterhaufen hoch und ging auf der anderen Seite in Deckung.

Keuchend lag ich da und wartete gespannt auf den Knall. Ich wartete, aber es tat sich nichts. Ich zählte bis zwanzig, dann kroch ich auf den Gipfel des Schotterhaufens und lugte vorsichtig hinüber.

„Was ist los?", rief Helmut.

„Weiß nicht –, hat wohl nicht geklappt. Die Lunte ist ausgegangen!", rief ich zurück. „Bleibt noch in Deckung, zur Sicherheit!"

Als sich nach einigen Minuten immer noch nichts regte, kletterte ich aus meiner Deckung, um nachzusehen, was denn nun mit unserer Lunte los sei. Fast bis zur Sprengladung war sie abgebrannt, dann war das Feuer wohl im Schnee erloschen. Auf dem feuchten Waldboden hatte sie eine schwarze Brandspur hinterlassen.

„Was ist?", rief Ulli aus seinem Graben.

„Muss 'ne neue Zündschnur legen. – Bleibt ihr da liegen!", rief ich. Ich öffnete zwei weitere Leinenbeutel und legte die Stangen nun dreifach nebeneinander als Kette aus, dann zündete ich nochmals die Lunte.

Plötzlich hörte ich Ullis Stimme dicht hinter mir: „Klappt das nicht?"

Ich starrte ihn fassungslos an. „Hau ab, Mensch! – Weg hier, du Pflaume!" Ich rannte, so schnell ich konnte, zu dem Schotterhaufen. Hinter mir hörte ich Ulli hecheln. Ich hastete den Hang hoch und rutschte auf der anderen Seite auf dem Allerwertesten von oben herunter. Im gleichen Augenblick vernahm ich eine dumpfe Detonation, dann wurde ich von einem schreienden Bündel überrollt. Das war Ulli, der über den Schotterhaufen gekrochen kam und sich kopfüber den Hang hinuntergestürzt hatte. Ich schrie auf und drückte mein Gesicht in den Schnee. Meine Hände hielt ich schützend über meinen Kopf.

Lehmbrocken und kleine Steine prasselten herab. Dann war es ganz ruhig, beängstigend ruhig. Vorsichtig hob ich den Kopf und betastete mich, um festzustellen, ob alles heil geblieben war. Ich kroch den Hang hoch und sah, wie sich eine schwarze Rauchwolke in den Bäumen über dem Steinbruch verfing und dann allmählich auflöste.

Ulli kam auf allen vieren den Hang hoch, schneeverkrustet, die Brille schief auf der Nase. Ein Brillenglas zeigte Risse (Gipfelstürmer am Himalaja).

„Hat funktioniert", grinste er mich fröhlich an und blinzelte durch das Brillenglas.

„Hab ich doch gesagt. – Aber wieso kommst d u blindes Huhn da aus deinem Loch gekrochen? – Hab ich nicht ausdrücklich gesagt, dass ihr dableiben sollt? – Hätte verdammt schiefgehen können!", schrie ich ihn wütend an.

„Ist es aber nicht ...", lächelte er unbekümmert. Helmut war inzwischen auch aus seiner Deckung gekommen.

„Hat ja 'n mächtigen Bums gegeben. Hoffentlich hat das keiner mitgekriegt und meldet das bei dem Tommy."

„Glaube ich nicht", sagte ich, „wer kraucht hier schon herum, in dieser gottverlassenen Gegend."

„Mensch, du blutest ja!", rief Helmut. „Da hinten!"

Ich fuhr mir mit der Hand über den Kopf. Meine Finger tasteten über eine dicke Beule, dann fühlte ich, wie mir feuchte

Wärme in den Kragen lief. Bis dahin hatte ich nichts gemerkt, aber jetzt verspürte ich einen dumpfen Schmerz am Hinterkopf.

„Lass mal sehen!" Ulli pusselte meine blutverklebten Haare auseinander. „Nicht so schlimm, ist nur 'ne Platzwunde. Setz dich mal hin, damit ich dich verarzten kann!" Er kramte umständlich das Päckchen mit dem Verbandsmull aus seiner Einsatztasche und machte sich daran, die Wunde zu verbinden. Der Verband, den er mir um den Kopf band, schien gar kein Ende zu haben.

„Tut's weh?", erkundigte sich Helmut besorgt.

„Geht so", sagte ich tapfer, „du kennst ja den Spruch: Ein Indianer kennt keinen Schmerz. – Aaaau! Pass doch auf, du Blödmann!"

Als Ulli sein Kunstwerk vollendet hatte, grinste er mich an und meinte, jetzt sähe ich aus wie Hadschi Halef Omar.

„Wer den Schaden hat, spottet jeder Beschreibung ... Oder wie das heißt", sagte ich und versuchte zu lächeln.

Mein Kopf schmerzte, aber ich biss die Zähne zusammen, raffte mich auf und schlug vor, dass wir jetzt aber mal nachsehen sollten, welche Wirkung die Sprengladung gehabt habe.

Wir gingen zusammen zum Stolleneingang. Der obere Teil des Backsteinbogens war verschwunden, der hatte sich wohl in Luft aufgelöst. Der Erdhaufen darunter war fast einen Quadratmeter weit freigelegt. In gebückter Haltung konnte man bequem in den Stollen hineingehen.

„Ist d a s 'ne reife Leistung?", fragte ich stolz.

„Klasse Arbeit, da gibt's nichts", bestätigte Helmut.

Ulli band seine Wäscheleine an einem Strauch fest, dann krochen wir in den Stollen, unsere Entdeckungsreise konnte beginnen.

Zuerst mussten wir eine kleine Geröllhalde hinabkraxeln, Helmut mit einer Kerze und seinem Klappspaten, falls wir verschüttet würden. Ulli mit der Einsatztasche. In der linken Hand hielt er ein flaches, flackerndes Hindenburglicht („Das stinkt ja erbärmlich – wie kokelnder Filz"), in der rechten das Ende der Wäscheleine.

Ich ging mit meiner Dynamotaschenlampe voraus. Die brannte nur, solange man den jaulenden Dynamohebel auf- und abdrückte. Bei längerer Betätigung bekam man einen Krampf im Handgelenk, dann ging das Licht aus. Ulli meinte, das Ding höre sich an, als ob man einer Katze auf den Schwanz trete.

Bald erreichten wir einen schmalen, gemauerten Gang. Von der Decke tropfte Wasser. An einigen Stellen hatten sich kleine weiße Zapfen gebildet.

„Stalaktiten", sagte Ulli, „die von unten kommen, das sind Stalagmiten. Die wachsen in zehn Jahren vielleicht nur zwei bis drei Millimeter. – Muss schon ganz schön alt sein, der Stollen."

„Dreißig bis vierzig Jahre, schätze ich. Früher wurde da mal Sprengstoff drin gelagert, für den Steinbruch. Im Krieg war's dann 'n Luftschutzbunker. – Bombensicher war der, auch gegen Luftminen", erklärte ich.

Wir tasteten uns durch den schmalen Gang. Stellenweise war er so niedrig, dass man den Kopf einziehen musste. Klickend fielen Wassertropfen von der Decke. Auf dem lehmigen Boden hatten sich hier und da kleine Pfützen gebildet, in denen sich das Licht widerspiegelte.

Helmut fragte, ob Ulli die Wäscheleine noch in der Hand habe und wie lang die denn sei. Das sei ja so quasi unser Lebensfaden, meinte er.

Die reiche noch lange hin, antwortete Ulli.

Der Gang wurde breiter. An seinem Ende war er zu einer Art Kammer ausgebaut worden. Ein paar verrottete Holzkisten standen in einer Ecke. Es roch nach fauligem Wasser und nach Moder.

„Wie in einer Grabkammer", sagte Helmut. Seine Stimme hallte in dem quadratischen Raum hohl wider.

Ob wir den Film „Das indische Grabmal" gesehen hätten, wollte Ulli wissen. Wie da plötzlich das Wasser in die unterirdischen Gänge geschossen sei, mit Krokodilen und so 'nem Zeugs drin. Und wie der Schurke dann elendig ersoffen sei, ob wir den Film gesehen hätten?

Er solle mal die Luft anhalten, sagte ich, und mit seinen Schauermärchen aufhören. Lieber solle er auf seine Leine aufpassen, dass er d i e nicht verliere.

Der Stollen schien hier zu Ende zu sein. Mit meiner Dynamotaschenlampe leuchtete ich die Decke ab. Da waren drei Haken angebracht und eine rostige Kette baumelte herab. Ob man da wohl früher Leute dran aufgehängt habe, fragte Ulli. Vielleicht sei das hier mal eine Art Hinrichtungsstätte gewesen.

Er solle nicht so einen horrenden Blödsinn zusammenspinnen, sagte ich. Schließlich sei das ja noch vor ein paar Jahren ein Luftschutzbunker gewesen. Seine Fantasie ginge wohl mit ihm durch, was?

Der kreisrunde Schein meiner Taschenlampe wanderte über die Backsteinwände und blieb in einer Ecke hängen.

„Da ist 'n Gang, kuckt mal!", sagte ich.

Ulli ging mit seinem Hindenburglicht darauf zu und stolperte über etwas Metallisches, das scheppernd gegen die Stollenwand kullerte.

„'n Stahlhelm!", sagte Ulli, ging weiter und sprang aufschreiend aus dem Seitengang. Das Hindenburglicht in seiner Hand flackerte unruhig.

„Da – da is'n Toter drin!"

„Du spinnst ja wohl!", sagte ich und ging zu dem Gang, um nachzusehen. Mein Atem stockte und ich spürte, wie sich meine Nackenhaare aufrichteten. Im Lichtkegel meiner Lampe grinste mich ein Totenschädel mit dunklen Augenhöhlen an. Vor Schreck vergaß ich den Hebel meiner jaulenden Dynamotaschenlampe zu drücken.

„Mensch, d – da ist 'n Skelett!"

Jetzt war auch Helmut hinter mir. Wie versteinert guckten wir in den Stollengang, der schon nach wenigen Metern endete. Der Tote lehnte an dem Schuttberg, der den Stollen nach hinten versperrte. Fetzen einer deutschen Wehrmachtsuniform hingen um den Rumpf. Ein paar Knöpfe waren abgefallen. Knöcherne

Finger umklammerten einen Karabiner. Die kurzen Lederstiefel an den kalkigen Knochenfüßen waren mit rostigen Kopfnägeln beschlagen.

„’n Soldat ist das", sagte ich und schluckte glucksend, „das ist ’n deutscher Soldat."

„Ist sicher ’n Vermisster. – Wir müssen das melden", sagte Helmut.

„Und dann fragen die uns, wie wir hier reingekommen sind – nee", sagte Ulli hinter mir. „Und überhaupt, wie wollen die denn feststellen, wer das da ist – ich meine, war?"

„Der hat doch sicher so was wie ’ne Erkennungsmarke umhängen. Mussten die doch alle tragen, Tag und Nacht", sagte ich.

„Klar, mussten die alle tragen, egal wo, sogar in der Badewanne", erklärte Helmut.

„Wo denn in ’ner Wanne?", antwortete ich.

Ängstlich gingen wir einige Schritte in den Gang. Die Schatten der Kerzen und meiner Lampe huschten über das Knochengerüst. (Mensch, der hat sich bewegt!)

Im hinteren Schädel des Toten klaffte eine fast faustgroße Öffnung.

„Der hat ’n Kopfschuss gekriegt", meinte Helmut.

„Quatsch, dann wär’ das doch nicht so ’n Loch. Einschüsse sind höchstens so groß wie ’n Fünfpfennigstück, nicht größer", sagte ich.

Ich hatte mal gehört, dass Geschosse, wenn sie aus dem Körper austreten, große Löcher reißen.

„Wisst ihr was i c h glaube? – Der ist hier verschüttet worden, hat wohl versucht, sich rauszubuddeln. Hat dann gemerkt, dass das nicht ging und sich dann ’ne Kugel in den Kopf gejagt. – Harakiri, versteht ihr? Mein Vater, der hat mal erzählt, dass sich im letzten Krieg einige, die es satthatten, dass die sich in den Mund geschossen haben. Einfach die Laufmündung in den Mund und abgedrückt. Da konnte nichts schiefgehen, die gingen auf Nummer sicher", sagte ich.

„Meinst du, dass der da auch …?", fragte Ulli.

„Klar", sagte ich. „Sieht doch ’n Blinder mit ’nem Krückstock."

Wir wurden uns schließlich einig, dass wir die Sache doch melden wollten. Wie wir in den Stollen gekommen waren, das brauchten wir ja keinem auf die Nase zu binden. Wir wollten einfach sagen, dass wir da so zufällig vorbeigekommen seien und uns gewundert hätten, dass der Stolleneingang auf war. Neugierig, wie wir nun mal seien, wären wir mal eben da reingeklettert – und dann d i e s e Entdeckung.

Die Wäscheleine hatte Ulli schon lange nicht mehr in der Hand. Das hätte uns auch nichts genützt, denn auf dem Rückweg zum Stollenausgang fanden wir das Ende, das Ulli draußen an dem Gebüsch festgebunden hatte, mitten im Stolleneingang. Ein kleiner Ast hing dran, den hatte Ulli wie einen Hund durch den Gang hinter sich hergezogen.

Unseren Fund meldeten wir auf der Polizeiwache. Das sei ja eine mysteriöse Geschichte, sagte der Polizist. Wir sollten doch mal mitgehen und zeigen, wo denn der Tote läge.

Am nächsten Tag stand ein Artikel über uns in der „Westfälischen Rundschau":

„Vermisstenschicksal aufgeklärt – wagemutige Jungen entdecken toten Soldaten."

Für meinen lädierten Kopf hatte ich auch eine plausible Erklärung parat, ich sei in dem Stollen gegen einen hervorstehenden Stein gestoßen.

Meine Mutter bestand darauf, dass Doktor Mattes sich die Wunde ansehen solle. Meine Einwände, das sei doch gar nicht so schlimm, nützten nichts.

„Nur gut, dass du einen so harten Schädel hast", sagte Doktor Mattes, rasierte mir eine Tonsur und nähte die Wunde mit drei groben Stichen.

„Bei einem richtigen Jungen müssen sich die Ecken am Kopf erst mal abstoßen, nicht mein Junge?", meinte er und klopfte mir lachend auf die Schulter. Mir selbst war gar nicht zum Lachen zumute.

19. KAPITEL

Ein neuer Anfang - zurück in die Gegenwart

Britta kam atemlos die Treppe hinaufgestürmt. „Papa, du möchtest mal sofort deinen Wagen zur Seite setzen, der Herr Kleffmann kommt nicht aus seiner Garage heraus, der bollert schon da rum!", rief sie schon von der Korridortür her.

„Schon gut! – Sag' ihm, ich käme sofort. Soll sich einen Moment gedulden."

Ich warf mir die Jacke über und lief hinunter in den Hof.

„Ich habe einen wichtigen Termin, wenn ich den durch Ihre Schuld verpasse, ich kann Ihnen sagen, das kommt Sie teuer zu stehen!", empfing mich Kleffmann und fuchtelte ungeduldig mit den Armen.

„Immer mit der Ruhe! – Sie sehen doch, dass auf der Straße kein Platz ist, da steht der Möbelwagen", entgegnete ich aufgebracht, setzte meinen Wagen ein Stück zurück und brummelte: „Autofahren müsste man können …!"

Verärgert stieg ich die Treppe zu meiner Wohnung hinauf, die nun bald nicht mehr meine Wohnung sein sollte.

„Was ist denn los?", wollte meine Frau wissen.

„Ach dieser Sonntagsfahrer Kleffmann. – Hat den Führerschein wohl bei Neckermann gemacht. Mit 'nem Möbelwagen wäre ich da noch durchgekommen."

Ich ließ mich unwillig in meinen Sessel fallen und nahm einen kräftigen Schluck aus der Bierflasche.

„Warum müssen die Erwachsenen sich immer über jede Kleinigkeit so aufregen? – War das eigentlich damals nach dem Krieg auch so?", fragte Frank.

„Das war 'ne andere Zeit und folglich hatte man auch andere Sorgen. – Über ungerecht verteilte Lebensmittel regten sich die Leute auf oder wenn der Strom gerade dann wieder abgeschaltet wurde, wenn er am dringendsten gebraucht wurde. Die Sorgen hat man heute nicht, deshalb stört manchen wohl schon die Fliege an der Wand. Den Leuten geht's eben zu gut heute."

„Bist du der Ansicht, wenn es uns schlechter ginge, dann hätten die Menschen wieder mehr Verständnis füreinander und sie würden nicht gleich bei jeder Gelegenheit wie die HB-Männchen in die Luft gehen?"

„Hmm, schon möglich. – Jedenfalls mussten wir uns damals bescheiden, hatten ja alle nichts. Geholfen haben wir uns, wo wir konnten. Not verbindet eben. Natürlich gabs da auch Futterneid und Rücksichtslosigkeit. – Ich meine allerdings, der Überfluss und das Konsumdenken von heute verdirbt die Gemeinsamkeit, das geht ja schon bei den Kindern und den Jugendlichen los, müssen alles sofort haben, können nicht warten, bis so was herangereift ist. Ist alles selbstverständlich: Flugreisen ins Ausland, Stereoanlagen, Langspielplatten, Mopeds und all das Zeug. Stolz wie Oscar war ich, als mein alter Drahtesel wieder frisch gestrichen wurde und ich mir 'nen verchromten Sportlenker zusammensparen konnte."

Frank machte eine wegwerfende Handbewegung.

„Wenn ich das immer höre: ‚Früher gab es das nicht' und ‚Früher war man viel bescheidener.' Das kann man doch nicht vergleichen mit heute. – Ihr Erwachsenen habt doch auch höhere Ansprüche, immer muss es das Beste sein. Dein alter VW-Käfer war dir plötzlich im letzten Jahr auch nicht mehr gut genug, es musste dann so'n Benzinfresser von Granada sein."

„Erlaube mal, das alte Möhrchen hatte schließlich seine 85 Mille auf dem Buckel, hätte den kaum noch übern TÜV bekommen – und überhaupt, den neuen Fahrkomfort hast du im letzten Urlaub ganz gern in Anspruch genommen, oder?"

„Na ja – bin schließlich auch gewachsen, und dann bis Tossa de Mare in d e r Konservenbüchse."

„Siehst du? – Auch du nimmst das als Selbstverständlichkeit hin, aber das mussten wir uns alles erst erarbeiten. In den Schoß gefallen ist uns das nicht."

„Glaub ich ja", sagte Frank „aber wenn man alles so leicht bekommt, dann schätzt man es auch nicht mehr so, als wenn man sich das schwer erarbeitet hat, stimmts?"

Wo mochte er diese Weisheit denn gelesen haben? Augenzwinkernd entgegnete ich ihm, dass er das schon ganz richtig erkannt habe. Gelegentlich würde ich ihn an diesen weisen Ausspruch erinnern.

Er meinte, dass wir damals zwar nicht alle unsere Wünsche erfüllt bekommen hätten, aber wir hätten uns noch über Kleinigkeiten freuen können. Wir hätten alles vor uns gehabt, neu aufbauen können und Ziele gehabt.

„Sicher, Ziele, die hatten wir, aber die meisten mussten wieder ganz unten anfangen. Alles, was sie sich aufgebaut und erspart hatten, wurde ihnen durch den Krieg genommen. Der neue Anfang, der war verdammt schwer zu der Zeit."

„Ich meine das anders", begann Frank, nachdem er sich wieder ein Gummibärchen in den Mund geschoben hatte. „Ich meine das so: Man wird doch nur noch berieselt heute, Fernsehen, Dauermusik, Kino und so. Man setzt sich hin, wird berieselt und tut selbst nichts mehr. Der Hucky Engelmann aus der 9 b zum Beispiel, der hat alles was er sich wünscht. – Klar, kann der sich auch leisten, sein Vater ist 'n hohes Tier bei den Stahlwerken. Hängt den ganzen Tag mit seiner Hercules und so'n paar Typen vorm City-Kino.

Mal 'ne Runde drehn, Motor aufheulen lassen, sonst nichts. Dröhnt mit seiner Stereoheulboje in der Gegend rum. Fragst du den, was machen …, sagt der nur: ‚Weiß nich' oder ‚Kein Bock drauf'. Donnert dann ab zur nächsten Pommesbude und holt 'ne neue Ladung Pommes mit Matsch. – Keine Meinung hat der, total verödete Typ, sag ich dir." – „Ich glaube", meinte Frank nach einigem Überlegen, „ich glaube, da war die Zeit damals für euch gar nicht so schlecht. Man konnte noch was Spannendes erleben, stimmts?"

„Nicht ganz. Sieh mal, als junger Mensch sieht man vieles rosiger als es tatsächlich ist, und in der Erinnerung bleibt oft nur das Positive hängen. Schlechtes vergisst man meistens schnell wieder. – Ist eigentlich auch gut so.

Erlebnisse, wie wir sie damals hatten, brachte eben die Zeit mit sich. Für uns war das Aufspringen auf Kohlenzüge oder der verbotene Handel auf dem Schwarzmarkt neben dem Nutzeffekt so 'ne Art Sport. Fast alle machten das und deshalb wollten wir natürlich auch nicht zurückstehen. Das war in, wie man heute sagen würde. Jede Zeit hat, glaube ich, ihre besonderen Spiele für Kinder. Im Krieg zum Beispiel, da haben wir Flak- und Bombensplitter gesammelt, nach jedem Bombenangriff sofort die ganze Gegend abgesucht. ‚Junge, lass das doch‘, sagte meine Mutter oft, ‚wenn da noch Blindgänger rumliegen!‘ Unser Geheimtipp waren die flachen Garagendächer hinter unserm Haus, außer uns kam da keiner rauf. Da fand man nagelneue Splitter, noch kein Rostansatz, die waren am wertvollsten.

Dann ging das Tauschen los: ‚Für den dicken Bombensplitter da geb ich dir drei Flaksplitter.‘ So hatte der Bombenkrieg für uns Kinder auch seine Vorzüge. Dann, nach dem Krieg bewiesen wir unseren Mut dadurch, dass wir auf Kohlenzüge sprangen oder mit Munition hantierten.“

„War aber doch gefährlich?“, meinte Frank.

„Sicher, war es. Aber wenn man jung ist, sieht man die Gefahr nicht, und im Krieg, da waren wir mit der Gefahr aufgewachsen. Der Umgang mit Waffen und Munition, das war uns so vertraut wie euch heute vielleicht der Umgang mit Taschencomputern oder mit technischen Musikanlagen. Wir kannten damals fast jedes Kampfflugzeug schon am Motorengeräusch, ob das nun die Me 110, die Ju 52 oder die amerikanische B 17, die fliegende Festung, war. Etwa so, wie du heute einen Mercedes 220 S vom Ford Granada oder einen Opel Ascona vom VW Golf unterscheiden kannst. – Ob das damals mit der Munition und dem ganzen Kriegszeug so interessant war? – Na, ich weiß nicht …“

„Wenn man das so sieht, dann ist die Zeit heute doch wohl besser. – Auch wenn es manchmal etwas langweiliger ist als damals.“

„Was der Jugend fehlt, das sind Vorbilder, Ideale. Was habt ihr denn heute an Vorbildern? – Beckenbauer oder Rummenigge, wenn es hochkommt, vielleicht noch James Bond oder irgendso 'n Rock- und Popmusiker", erklärte ich pathetisch.

„Und eure Ideale, wer waren d i e denn? – Hitler, Göbbels und Göring? – Wen hattet ihr denn damals als Vorbild nach dem verlorenen Krieg?"

Ich musste zugeben, dass es mit unseren Idealen und Vorbildern damals auch nicht so weit her war. Die Ideale, die man uns in der Nazizeit vorgesetzt hatte, zählten nicht mehr, die konnte man vergessen. Nach dem Krieg sagte man, die Geschwister Scholl, die bei dem Widerstand gegen Hitler dabei waren, das seien die Vorbilder der neuen deutschen Jugend. Die wurden von den Nazis als Verbrecher bezeichnet, nun waren es Helden, da musste man zuerst mal umdenken. Oder Albert Schweitzer, der sei ein Vorbild an Humanität und geistiger Größe, das hatte Studienrat Hoppe uns bei jeder Gelegenheit eingebläut. Wir konnten damals noch nicht viel damit anfangen, denn so ein einfaches, bescheidenes Tropenleben, das wollten wir nun auch nicht führen. Schließlich hatten wir noch einiges an entgangener Lebensfreude nachzuholen.

Ich stand auf, stemmte die Hände in die Hosentaschen und wanderte, leise vor mich hin pfeifend, in dem fast leeren Zimmer auf und ab. Hoffentlich stellte mir mein Sohn nicht noch mehr solcher peinlichen Fragen.

20. KAPITEL

Im Jahr 1948

— Als alles wieder zu haben war —

De Währungsreform, der Tag null, war gekommen. Am 20. Juni 1948, es war ein regnerischer Sonntag, ging mein Vater zum Rathaus, um das Kopfgeld für uns abzuholen. Für sechzig Reichsmark bekam er vierzig Deutsche Mark pro Kopf der Familie. „Nun werden wir wohl bald wieder wirtschaftlich auf die Beine kommen", sagte er. Es käme jetzt wieder darauf an, was man leiste. Arbeit und Fleiß, das würde sich wieder auszahlen.

Meine Mutter meinte, es sei nur gut, dass wir unser Gespartes in der schlechten Zeit für Futterage verbraucht hätten. Die Kontenaufwertung eins zu zehn, das sei doch nur ein Tropfen auf dem heißen Stein. Nun müsse jeder wieder von vorn anfangen, ganz unten.

In den Geschäften war plötzlich alles wieder zu haben. Kolonialwarenhändler Lutterbach hatte Konservenberge ins Schaufenster gepackt und sogar Südfrüchte konnte man bei ihm haben. Bei Metzger Meyer hingen dicke Würste und Schinkenseiten an den Haken hinter der Theke. An der Schaufensterscheibe stand mit weißer Farbe geschrieben: „Alles vorrätig – hier wird nicht mehr geflüstert!"

„Wo die das nur alles herhaben, so von heute auf morgen?", sagte meine Mutter. „Die müssen das doch förmlich gehortet haben. Aber wenn man fragte, ob man vielleicht noch einen Markknochen haben könnte: nein, wir haben nichts. – Jetzt habe sich das Blatt zum Glück gewendet. Wenn die Frau Meyer mit den roten Backen sie nun fragte, ob's noch etwas mehr sein darf, dann würde sie triumphierend sagen: Hundertfünfzig Gramm und nicht ein Gramm mehr. Schneiden Sie das mal ruhig da ab!"

Schieber und Schwarzhändler fanden keine Abnehmer mehr, aber einige von ihnen hatten vorgesorgt. Auf dem Weg nach oben hatten sie sich das nötige Anfangskapital zu einem Unternehmen oder einer Kleinfabrik ergaunert. So konnten sie im Konkurrenzkampf der freien Marktwirtschaft bestehen. Auch sie waren nun die Stützen der Ellenbogengesellschaft, die Träger des deutschen Wirtschaftswunders, wie das später hieße. „Der Herrgott lässt keine Bäume in den Himmel wachsen", sagte meine Mutter, „nur das Solide und Anständige ist beständig und von Dauer!"

Graf Bobby rauchte jetzt in den Pausen Juno und Eckstein. Seit seine Schokoladen-, Zigaretten- und Kaffeequellen beim Tommy versiegt waren, blieben auch die Informationen für Lateinarbeiten aus, und die Hausaufgaben musste er nun auch selber machen. Kein Bedarf mehr, man konnte ja alles legal kaufen. Selbst der dicke Beckmann, der bei ihm Dauerbezieher in englischer Schokolade gewesen war, hatte sich distanziert.

Studienrat Zillig, bei dem wir bisher nur Physik gehabt hatten, tötete uns nun auch in Mathematik den Nerv, seit Blömeke gegangen war. Unberechenbar war der, wie in den Physikstunden. Wenn er gutgelaunt war, erzählte er vom ersten Weltkrieg und von der Inflation. Wie sein Vater noch zwei Millionen Mark für ein Brot ausgeben musste. Seinen Lohn habe der mit der Schubkarre abholen müssen (Ich stamme aus einer Milliardärsfamilie.) Er verdeutlichte das mit endlosen Nullenreihen an der Tafel. In der nächsten Stunde kam er dann wieder mit griesgrämigem Gesicht in die Klasse, warf die Tasche auf den Tisch und sagte: „Hefte raus! – Mal sehen, wie faul ihr wieder wart." – Dann flatterte uns das Hemd.

Am Montag nach der Währungsreform kam er in die Klasse, setzte sich mit einem Batzen aufs Katheder, zupfte sich die ausgefallenen Haare von der Jacke und sagte, die Zeiten der Schieber und Schnorrer seien nun endgültig vorbei. Jetzt heiße es wieder arbeiten. Wir hätten alle die gleiche Chance uns hochzuarbeiten. Er mache nun auch eine Währungsreform – und zwar in Noten.

Sein Notizbuch mit den schlechten Zensuren, das wolle er mal vergessen. Heute sei Auszahlung des Kopfgeldes. Damit schlug er ein neues Notizbuch auf „Hier, jüngferlich unbefleckt!" und fragte uns ab, quer durchs Mathematikbuch. Am Schluss sah unsere Ausgangsbilanz gar nicht gut aus. Viele hatten ihr Kopfgeld weg: eine Fünf oder eine Sechs. Daraus könnten wir nun was machen oder auch nicht, das läge ganz bei uns, meinte er lakonisch und klappte hörbar sein Notizbuch zu.

Die Raucherei im Dom nahm sprunghaft zu, und der Eiserne Gustav bestrafte jeden unerbittlich, den er dort mit einer Zigarette erwischte. „Im Wiederholungsfalle fliegst du!"

Im August 48 wurde mein Vater ins Ruhrgebiet versetzt und im Herbst zogen wir auch um.

Ich hatte Ingrid meine neue Adresse gegeben. Sie wolle mir bestimmt schreiben, hatte sie gesagt. Später kam ein Brief mit Blümchenmuster am Rand und danach noch eine Ansichtskarte von der Ostsee. „Ostseebad Grömitz. Strandpromenade mit Kurhaus." Danach habe ich nichts mehr von Ingrid gehört.

Auch Ulli wollte mir schreiben, wie das alles hier weiterginge und was die Säcke hier so machen. Ich solle ihm sofort schreiben, wenn ich da ankäme, wie es mir gefalle und ob ich da auch so tofte Freunde gefunden habe.

Helmut hatte noch vor unserm Hause gestanden und gewinkt, als wir mit dem Möbelwagen abfuhren. Er wolle mich mal besuchen, später, wenn er das Geld dazu habe.

Das Lama gab mir ein paar gute Ratschläge mit auf den Weg als ich mich verabschiedete. Ich solle meinen Weg gehen, fest und unbeirrt. Dann fasste sie mich an den Schultern, sah mir trutzig ins Gesicht und sagte mit Wehmut in der Stimme:

> *„Gedenke der Schulzeit Jahre,*
> *gedenke der Schulzeit Glück!*
> *Es sind die schönsten Tage,*
> *sie kehren nie mehr zurück."*

(Oh, diese Mottenkugeln und diese feuchte Aussprache!)

21. KAPITEL

Im Jahr 1978

– Der Umzug –

(Was ist aus den Freunden geworden?)

Ich zog mich in meinem Sessel hoch, ging zum Fenster, an dem die Gardinen schon abgenommen waren und sah auf die Straße, wo die Möbelpacker gerade den Küchenschrank in den Möbelwagen schoben.

„Ja, so war das damals. – Dreiunddreißig Jahre sind das nun schon – wo die Zeit nur bleibt …?", sagte ich.

„Hast du mal wieder von denen was gehört? Von Ulli, Helmut, Bulle – oder von der schönen Ingrid?", fragte Frank.

„Ich holte mir eine Flasche Bier, nahm einen Schluck und setzte mich wieder in den Sessel.

Vor ein paar Jahren kam ich zufällig wieder in die Gegend. Ich dachte, fahr doch da mal hin, mal sehen, ob das alles noch so ist wie damals. Ob Adlers Schraubenfabrik noch stehe und ob sie die alte Ziegelei abgerissen haben, die war ja damals schon baufällig. Vielleicht träfe ich auch diesen oder jenen, den ich kannte.

Ich kam über die Landstraße, an der die Ziegelei gelegen hatte, in den Ort. Da hatten sie eine Hochhaussiedlung hingestellt. Quadratische Kästen, einer wie der andere.

Wo früher der Marktplatz gewesen war, da stand jetzt ein Supermarkt. Auf dem Parkplatz davor habe ich dann meinen Wagen abgestellt und bin die Bahnhofstraße hinuntergeschlendert, an der Papierfabrik Steilmann & Co. vorbei. Die hatten große Lagerhallen angebaut und Steilmanns Villa war mit einer hohen Backsteinmauer umgeben, dahinter kläfften ein paar Hunde.

Den Rathausplatz hatte man verkehrsgerecht erweitert: Parkboxen, Parkuhren, Verkehrsinseln und Signalanlagen. Der rote Klinkerbau, das Rathaus, stand noch genauso da wie damals vor dreißig Jahren, mit den kleinen Türmchen und der großen Uhr im Mitteltrakt, die zu jeder vollen Stunde ihr Glockenwerk in Gang setzte. Die Fensterscheiben hatte man ausgewechselt, Thermophenverglasung.

Ich ging in den ‚Ratskeller‘, da hatte mein Vater seinen Stammtisch gehabt. Vielleicht war der alte Wirt Riepenbrock noch da oder sein Sohn. ‚Junge, wisse ’ne Brause?‘, fragte er mich immer, wenn ich mal meinen Vater abholte.

Ich setzte mich in eine Ecke und bestellte ein Bier und Würstchen mit Kartoffelsalat.

Den neuen Wirt kannte ich nicht. Der alte Riepenbrock, der sei schon lange tot und sein Sohn habe kein Interesse gehabt, die Wirtschaft zu übernehmen. Ich fragte ihn nach der Adlerapotheke, ob die noch existiere und wer denn da der Apotheker jetzt sei. Er sagte, dass er von auswärts sei und dass er erst seit einem Jahr den Ratskeller als Pächter übernommen habe. Es täte ihm leid.

Ein älterer Mann mit Zigarre im Mundwinkel warf unentwegt Markstücke in den Geldspielautomaten an der Wand. Wenn es klingelte, schaufelte er die Geldstücke in die hohle Hand, sagte: ‚Glück muss der Mensch haben‘, und bestellte noch ein Bier.

Den fragte ich, ob er mit mir einen Schnaps trinken wolle und ob e r wüsste, wer da der Apotheker sei.

Soweit er informiert sei, habe der Sohn die jetzt übernommen. Der alte Getberg habe sich zur Ruhe gesetzt."

„Und das war Ulli?“, fragte Frank.

„Das war er, wie er leibte und lebte. Von draußen sah ich ihn durch die Schaufensterscheibe. Im weißen Kittel stand er hinter dem Verkaufstisch, eine schmalrandige Goldrandbrille auf der Nase mit seinem unnachahmlichen Lächeln.

Ich ging rein und verlangte Hustenbonbons. Er fragte, welche Sorte. Die, die wir früher immer bei seinem Vater aus den Gläsern geklaut hätten, antwortete ich.

Zunächst wusste er nichts damit anzufangen. Dann erkannte er mich, kam um den Verkaufstisch herum, umarmte mich und veranstaltete mit mir einen wahren Freudentanz.

‚Der Charly!‘, rief er immer wieder. ‚Das gibt’s doch nicht, der Charly!‘

Er fuhr mit mir zu seiner Wohnung, stellte mich seiner Frau vor, dann saßen wir bis tief in die Nacht und kramten alte Erinnerungen aus.

Helmut Steinke, der habe eine gutgehende Anwaltspraxis. Manchmal träfen sie sich, dann kämen die alten Dönekes immer wieder auf den Tisch. Von mir hätten sie auch oft erzählt und warum ich wohl habe nichts mehr von mir hören lassen, nachdem wir umgezogen seien. Mindestens dreimal habe ich geschrieben, protestierte ich, aber dann sei ja von ihm keine Post mehr gekommen.

Bulle Galewski, der habe sich schon vor Jahren selbstständig gemacht, habe ein Fuhrunternehmen. ‚Galewski Transporte‘, ganz groß stehe das an den Brummern und zwanzig Stück habe der davon. Ja, der sei immer noch der Alte: Ellenbogen raus und nach mir die Sintflut, das sei immer noch seine Devise. So sei der auch zu was gekommen.

Walter Jacobi, Graf Bobby? – Den habe er gänzlich aus den Augen verloren. Aber der dicke Beckmann, der habe sich im Schlaf besch…, ’ne Erbschaft habe der gemacht. Irgendwo im Sauerland habe der ’ne Kneipe übernommen, ein Ausflugslokal oder so was Ähnliches.

Ich nahm einen Schluck Wein, den er für besondere Fälle reserviert hatte. Ich glaube, das war schon die fünfte Flasche.

Ob er mal was von der schönen Ingrid gehört habe, fragte ich. D i e habe ich wohl immer noch nicht vergessen, was, sagte er und trank sein Glas aus. Eine gute Partie habe die gemacht, sei mit einem Facharzt verheiratet und drei Kinder habe sie, wie die Orgelpfeifen. Die Flausen mit der Konzertpianistin, die habe sie sich wohl bald aus dem Kopf geschlagen.

Ja, und Christel Müller, d i e habe es geschafft, die sei tatsächlich Schauspielerin geworden. Zurzeit habe sie in Stuttgart am Schauspielhaus ein Engagement.habe ihm Ingrid mal erzählt, als er sie getroffen habe mit ihren drei Gören", erzählte ich.

„Sind doch alle was geworden, nicht? – Selbst Ulli mit seiner Sechs in Latein ist jetzt Apotheker", meinte Frank. Dann brauche er sich ja wohl keine Sorgen zu machen wegen seiner müden Vier in Latein?

„Der eine packt’s eben früher, der andere später – und mancher überhaupt nicht", sagte ich. „D u hast doch noch alles vor dir. Alle Türen stehen dir noch offen. Aber wie sagte mein Vater schon immer? – Arbeiten, arbeiten, arbeiten!"

Frank machte ein saures Gesicht, pfiff ein paar Takte aus Pink Floyds „The Wall" und meinte nach einer Weile: „Zu deiner Zeit reichte es, dass man sich mit Hängen und Würgen bis zum Abitur durchmogelte, Hauptsache, man hatte es am Ende in der Tasche. Aber heute kommt's drauf an, w i e man's besteht. Numerus clausus und so. – Mit 'ner müden Vier als Gesamtzensur bist du doch weg vom Fenster, unter ferner liefen."

Ich nahm einen Schluck aus meiner Bierflasche und wischte mir mit dem Handrücken den Mund ab. Das stimme schon, aber damals hätten wir unter ganz anderen Bedingungen lernen müssen, hätten andere Probleme gehabt. Wie er ja gehört habe, sei es oft ums reine Überleben gegangen: Essen, Kleidung, warme Füße, d a s sei vorrangig gewesen. Das könne man sich heute gar nicht mehr vorstellen, in unserer satten Wohlstandsgesellschaft.

„Heute ist es aber dafür umso schwerer, in dieser Wohlstandsgesellschaft hochzukommen, nicht den Anschluss zu verpassen. Der Konkurrenzkampf, der Kleinkrieg fängt ja schon in den unteren Klassen an. Da geht's ja schon los: Wer hat die besten Zensuren? Nur nicht dem andern helfen, der könnte ja hinterher besser sein als du!"

„Wir leben in einer Leistungsgesellschaft, da kann nur der nach oben kommen, der die bessere Leistung bringt. So ist das nun mal. – Ist später im Beruf nicht anders", sagte ich.

„Ja klar, Leistungsgesellschaft! Im Beruf geht's dann auch nur um den Profit. – Schulstress, Leistungszwang und Kampf jeder gegen jeden, das kommt dabei heraus. Wo bleiben da die Klassengemeinschaft und die Kameradschaft? Die gehen doch dabei baden. D a s war doch damals anders bei euch, oder?"

„Stimmt, wenn Not am Mann war, dann halfen wir uns aus der Patsche. Aber da gab's auch Leute, die über Leichen gingen, nur ihres Vorteils wegen." Ich musste ihm in diesem Punkt recht geben, die Klassengemeinschaft und die Kameradschaft, das waren Selbstverständlichkeiten, wenn auch hier und da ein paar Quertreiber dabei waren.

„Die gab's immer. Aber heute steht der Leistungsdruck doch oben an. – Vor kurzem wollte sich doch tatsächlich einer aus unserer Klasse das Leben nehmen – wegen 'ner Fünf!"

Ich sagte, dass da wohl die Eltern und Lehrer versagt haben und dass das rühmliche Ausnahmen seien. Im Grunde hätten sie es doch heute ganz gut. Keine Sorgen ums tägliche Brot, verständnisvolle Eltern und die meisten Lehrer seien doch auch ansprechbar. E r könne sich in d e r Hinsicht doch wohl nicht beklagen.

„Na ja", sagte Frank und grinste mich schelmisch von der Seite an, „manchmal gibst du mir aber auch ganz schön Druck."

„Dann war das aber auch bitter nötig", sagte ich und gab ihm eine freundschaftliche Kopfnuss.

„Okay, Oldie, hast recht", sagte Frank, rollte sich aus dem Sessel und kramte in dem Karton mit seinen Platten: ,Status Quo', ,Space', ,The Rocky Horror Picture Show', ,Pink Floyd' und wie sie alle heißen.

Der Mann mit der Lederschürze kam die Treppe herauf, warf die Tragegurte über einen Stuhl in der Ecke, baute sich vor mir auf und sagte: „Könn' wa nu endlich die Sessel aufladen? – Wir ham' die Zeit auch nich' geklaut!"

Der Autor

Karl-Heinz Wickermann wurde 1934 in Bochum geboren.
Er wuchs in Münster in Westfalen auf, die Zeit vom Ende des Krieges bis 1950 verbrachte er in einer westdeutschen Kleinstadt. Von da an lebt er in Bochum.

Wickermann trat 1954 in den Polizeidienst des Landes Nordrhein-Westfalen ein und war bis 1994 in unterschiedlichen Funktionen im Ruhrgebiet (Duisburg, Dortmund und Bochum), zuletzt als Erster Hauptkommissar, tätig.

In den Jahren 1976 bis 1995 war er Mitglied der „Literarischen Werkstatt Herne" (Vereinigung von Jungautoren u. A. mit Volker W. Degener und literarisch interessierten Menschen).
Er ist außerdem Verfasser unterschiedlicher Kurzgeschichten und Essays, u. a. in der Anthologie: „Mein Land ist eine feste Burg – Neue Texte zur Lage in der BRD", erschienen im Verlag Fox Produktion.

Der Verlag

*Wer aufhört
besser zu werden,
hat aufgehört
gut zu sein!*

Basierend auf diesem Motto ist es dem novum Verlag
ein Anliegen, neue Manuskripte aufzuspüren, zu ver-
öffentlichen und deren Autoren langfristig zu fördern.
Mittlerweile gilt der 1997 gegründete und mehrfach
prämierte Verlag als Spezialist für Neuautoren in
Deutschland, Österreich und der Schweiz.

**Für jedes neue Manuskript wird innerhalb
weniger Wochen eine kostenfreie, unverbind-
liche Lektorats-Prüfung erstellt.**

Weitere Informationen zum Verlag und
seinen Büchern finden Sie im Internet unter:

w w w . n o v u m v e r l a g . c o m